民族文化硏究叢書 159

명사 구성 합성어의 의미 구조

民族文化研究叢書 159

명사 구성 합성어의 의미 구조

김숙정 지음

高麗大學校
民族文化研究院

이 책은 용운장학재단이 한국학 연구의 발전과 신진 연구자의 연구성과 확산을 위해 지원하는 〈용운 한국학 연구교수 지원사업〉에 의하여 출판되었습니다.

머리말

이 책은 2017년 제출한 박사학위논문과 후속 연구를 깁고 더한 것이다. 이 책의 목적은 명사 구성 합성어의 의미 구조를 분석하기 위한 합성어의 구성단위를 파악하고, 각 구성단위의 범주와 유형을 고찰하는 데 있다. 이 책은 다음과 같이 구성된다.

1장에서는 연구의 목적과 필요성을 살피고, 선행 연구들을 검토한다. 합성어에 대한 관심이 주로 형태에 놓여 있었으며, 의미를 다룬 연구 역시 생성의 측면에 집중되어 있음을 확인하게 될 것이다. 이 책은 논의의 초점을 의미 구성 자체로 옮겨, 합성어의 형태로부터 의미를 해석하는 방향에서 합성어의 의미 구조를 유형화하여 살핀다.

2장에서는 명사 구성 합성어의 의미 구조 파악을 위한 기본적인 개념들을 확인하고 정의할 것이다. 우선 합성적 의미와 비합성적 의미의 구분 문제를 살피고, 다음으로 합성어의 합성적 의미를 구성하는 의미 구성단위의 설정 문제를 다룬다. 이 과정에서 조어 의미를 의미 구성단위로 설정하고, 어기 의미 및 비합성적 의미와의 구분 문제를 함께 살핀다.

합성어의 합성적 의미는 조어 의미의 개재 여부에 따라 조어 의미 개재형과 조어 의미 부재형으로 나누어진다. 3장에서는 조어 의미 부재형 합성어의 의미 구조와 유형을 살핀다. 조어 의미의 개재 없이 합성어의 합성적 의미가 구성되는 방식과 해당 구성을 이루는 어기의 특성을 고찰한다.

조어 의미는 의미 특성에 따라 문법적 조어 의미와 어휘적 조어 의미로 나뉜다. 4장에서는 문법적 조어 의미가 합성적 의미에 개재되는 방식을 살핀다. 문법적 조어 의미를 대등 관계의 문법적 조어 의미와 종속 관계의 문법적 조어 의미로 나누어 각각의 개념과 유형을 예와 함께 살펴볼 것이다.

5장에서는 어휘적 조어 의미가 합성적 의미에 개재되는 방식을 살핀다. 합성적 의미에 개재되는 어휘적 조어로는 사건 구조와 비유 의미가 발견되는데, 사건 구조와 비유 의미 중 조어 의미로 볼 수 있는 것과 그렇지 않은 것을 구분하는 방식으로 논의가 진행될 것이다. 사건 구조의 경우 어기의 의미와 조어 의미의 구분 문제가, 비유 의미의 경우 조어 의미와 비합성적 의미의 구분 문제가 쟁점이 된다.

6장은 논의를 파생어로 적용한 것이다. 합성어의 의미 구조를 분석하기 위해 설정한 조어 의미가 파생어의 의미 구조 분석에서도 필요한 개념이며, 해당 개념을 적용할 경우 접사의 의미 기술 역시 상당히 달라진다는 점을 지적할 것이다.

이 책이 나오기까지 많은 분들의 도움이 있었다. 배움의 속도가 느린 제자를 질책 없이 기다려 주신 최호철 선생님께 감사드린다. 때로는 엄하게, 때로는 자상하게 언어의 의미를 대하는 마음가짐과 연구자로서 갖추어야 할 태도를 가르쳐 주셨다. 존경할 수 있는 어른을 지도교수로 만날 수 있어 큰 복이라고 생각한다.

홍종선, 최경봉, 도원영 선생님으로부터 연구자의 삶이 어떠해야 하는지를 보고 느낀다. 충실히 따르지 못해 늘 죄송한 마음이다. 바쁜 일정 속에서도 좀더 나은 논문이 되도록 조언해 주신 김정숙, 장경준 선생님의 은혜도 잊을 수 없다. 남경완 선생님, 김혜령 선생님을 비롯한 철림 선후배들로부터 현명하고 친절한 답을 얻었다. 철림 선후배들이 있었기에 힘든 시간을 견딜 수 있었다고 생각한다. 또한 부족한 글을 책으로 엮을 수 있게 기회를 주신 용운장학재단과 민족문화연구원에 깊이 감사드린다.

마지막으로 언제나 나를 믿고 지원해 주는 남편과 율이, 윤이, 그리고 아이들이 엄마의 부재를 느끼지 않도록 지켜 주시는 나의 어머니께 그간 표현하지 못했던 감사의 마음을 전한다. 이 책이 작은 보람이 되길 바란다.

2021년 6월

김숙정

차례

1장
서 론

1.1. 연구 목적

이 책은 명사 구성 합성어의 의미 구조를 분석하기 위한 합성어의 구성단위를 파악하고, 각 구성단위의 범주와 유형을 고찰하는 데 목적이 있다. 명사 구성 합성어는 둘 이상의 명사가 결합된 결과물이다. 언어 기호는 의미와 형식의 이원적 체계를 이루고 있다. 그러므로 합성어의 형성 과정 역시 의미의 합성과 형식의 합성, 두 층위에서 이루어진다. 각각의 결합 과정은 개별적이며 동시에 관련되어 있다.[1] 그렇기 때문에 합성어의 형태적 특성에 대한 수많은 논의와 함께, 구성 성분의 의미 특성이나 구성 성분이 서로 맺고 있는 관계 등에 대한

1) 송현주(2011)에서는 Saussure(1916)에서 '자의성(arbitrariness)'과 함께 언급된 '동기화(motivation)'의 개념을 이용하여 합성어가 가진 형식과 의미 간의 인지적 관련성을 설명하였다. Saussure(1916)에서는 동기화가 자연의 무질서한 시스템에 부분적인 수정을 가하고, 그 결과 자의성을 제한함으로써 우리가 언어를 연구할 수 있도록 해 주는 역할을 한다고 보았다. 자의성이나 동기화 모두 형식과 의미가 분리되어 있다는 전제 위에서 성립 가능한 개념이다. 동기화의 개념 정의 및 다양한 단위에서 이루어지는 언어 구조와 의미 간의 동기화 양상에 대한 보다 구체적인 논의는 송현주(2011) 참조.

논의 역시 지속되어 왔다.

하지만 그간의 연구들은 주로 형태 층위에서의 결합 현상에 주목하여 왔으며, 의미 층위의 결합 역시 생성의 관점에 집중되어 왔다. 합성어의 의미를 구성하는 단위가 무엇인지, 의미 구성단위 간의 경계는 어떻게 파악되는지, 또한 이들이 어떤 체계 속에서 결합되는지와 같은 문제들은 다루어지지 않았다. 이에 본고에서는 합성어의 의미를 구성하고 있는 단위를 분석하고 각 단위들 간의 경계 문제와 결합 구조의 문제를 살피고자 한다.

전통 문법 시대부터 합성어는 중요한 연구 주제로 주목받아 왔으며, 합성어의 의미에 대한 관심 역시 끊이지 않았다. 화자들이 삶 속에서 만나는 수많은 새로운 개념들은 다양한 단위들로 형식화된다. 표현하고자 하는 개념을 가장 정확히 전달할 수 있는 표현 단위는 문장이다. 해당 개념을 한 번만 표현할 때에는 문장으로 형식화하는 방식이 아무런 문제가 되지 않는다. 하지만 같은 개념을 여러 번 반복 표현해야 하면 화자는 좀더 간결한 표현 형식을 원하게 된다. 이때 유용한 방식이, 바로 조어이다.

조어(造語)에는 두 가지 뜻이 있다. 새로운 말을 만드는 일 전체를 넓게 가리킬 수도 있고, 그중 둘 이상의 형태소를 결합하는 것만을 좁게 가리킬 수도 있다. 화자는 새로운 개념을 표현하기 위해 전혀 새로운 형식의 단일어를 만들어 내거나 우리에게 생소한 외국어 표현을 그대로 들여올 수도 있다. 이와 같은 방식은 광의의 조어에 해당된다.

하지만 언중은 기존의 형태를 조합하는 협의의 조어 방식, 즉 파생이나 합성의 방식을 더 자주 선택하며 그 결과물 역시 활발하게 사용한다.[2)] 단어 형태 형성의 측면에서뿐만 아니라 의미 전달의 측면에서도 인지적 장점이 있기 때문이다. 표현하고자 하는 개념들에 대응되는 언어 형식들 중 몇 가지를 선택하는 것은, 완전히 새로운 형식을 고안해 낼 것에 비해 훨씬 쉽다. 또한 선택된 표현 형식들이 문맥을 형성하므로, 합성어의 의미를 해석하는 데에도 유리한 측면이 있다.

합성어가 가진 위와 같은 장점은 동시에 합성어의 한계와 직접적으로 연결된다. 화자는 개념을 이루고 있는 여러 의미 요소들을, 각 의미 요소에 대응되는 형식들로 표현하게 된다. 합성어의 구성을 형태의 관점에서 보면 표현에 동원될 수 있는 여러 언어 형식 중 일부가 선택되는 과정이라고 할 수 있다.[3] 이와 달리 의미의 관점에서 보면 제한된 형식 속에 형식화되지 못한 의미 요소들이 담기는 과정이라고 볼 수도 있다. 즉 합성어의 형태 구성단위와 의미 구성단위가 일치하지 않는다는 것이다. 그렇기 때문에 어떤 합성어를 처음 접하게 되는 화자는 주어진 형식을 통해 형식화되지 못한 의미 요소들을 추론해 내야 하는 부담을 지게 된다.[4]

---

2) 김일환(2014)에 따르면, '물결21 코퍼스(4개 신문사 13년치(2000~2012) 2백 4십만 개의 기사, 약 5.5억 어절)'에서 추출된 빈도 8회 이상의 신어 명사 중 합성어의 비중이 가장 높다고 한다. 빈도를 기준으로 41.4%에 해당되며, 종수를 기준으로 하여도 39%에 달한다.

3) 언중들에게는 하나의 개념을 전달하기에 적절한 형식에 대한 일종의 기준이 있다고 판단된다. 최형용(2004)에서는 '반수생(←재수생)과 반계탕(←삼계탕)' 등의 예를 통해, 단어 형성의 단계에서 내부 구조의 유사성을 희생하면서까지 음절수를 고려하는 경우가 있다는 점을 확인하고, 이를 통해 음절수가 단순한 제약을 넘어 단어 형성 방법의 하나로 인정될 가능성이 있다고 설명하였다.

4) 'ㄱㅅ(감사), 아점(아침 겸 점심)' 등과 같이 단어의 첫 음소나, 연쇄된 단어의 첫 음절만을 연결하는 방식도 새로운 개념을 표현하기 위해 자주 사용된다. 단어 형성의 측면만 고려하자면 단어의 형태를 모두 살리는 방식보다 더 쉽고 단순하게 새로운 표현 형식을 만들어 낼 수 있다는 장점을 가진다. 하지만 표현 형식의 비완결성이 극대화된 결과물이기 때문에, 의미 해석의 문제가 비교할 수 없을 만큼 커진다. 이와 같은 표현들이 소통의

합성어의 의미는 두 가지 방향에서 연구될 수 있다. 하나는 표현하고자 하는 개념 중에서 어떤 요소가 선택되어 형식화되는가 하는 문제, 즉 개념이 형식화되는 방향이고, 다른 하나는 제한된 형식 속에서 합성어가 가진 전체 의미가 어떻게 해석되는가 하는 문제, 즉 형식이 의미화되는 방향이다. 그간의 연구는 주로 전자에 집중되어 있었다. 그런데 이 경우 '합성어의 형태'가 생성의 결과물이 되므로 의미의 문제는 형태 도출의 과정에서 보조적으로 다루어질 수밖에 없었다. 합성어의 의미를 연구의 중심에 두기 위해서는 연구의 방향을 전환할 필요가 있다.

물론 합성어의 형태로부터 시선을 돌려 의미를 합성어 연구의 중심에 둔 논의들도 적지 않다. 합성어에 변형 규칙을 적용하여 문장화한 뒤, 이를 합성어의 의미로 제시하기도 하고, 구성 성분의 의미 관계를 유형화하여 이를 통해 합성어의 의미를 이해하려는 시도도 있었다. 또한 합성어가 인간의 인지 구조에서 어떤 위치를 점하고 있는지를 구현하는 방식으로 합성어의 의미를 해석하려는 노력도 있었다. 방법은 다르지만 이 연구들은 모두 동일한 목표를 지향하고 있다. 바로 제한된 형식으로 어떻게 합성어의 의미가 전달되는가를 밝히는 것이다. 이는 합성어의 형식과 의미 사이의 간극을 메우려는 노력으로 볼 수 있다.

이 책이 지향하는 바도 동일하다. 다만 해당 목표에 도달하기 위한 중간 단계가 누락되었다는 점을 지적하는 것이다. 합성어의 의미 중에서 어기의 의미로 설명할 수 있는 부분은 어디까지인지, 어기의 의미

문제를 일으킨다고 보는 비판적인 시각이 존재하는 이유가 여기에 있다.

그 이상의 의미 중 어디까지가 합성을 통해 생성되는 것인지 등에 대한 설명이 필요하다. 이에 본 연구는 하나의 합성어가 주어졌을 때, 해당 합성어의 의미 구조를 분석해 낼 수 있는 단위와 체계를 밝히는 데 집중한다.

1.2. 선행 연구

합성어에 대한 관심은 전통 문법 시대에서부터 꾸준히 지속되어 왔다. 주시경(1913)에서는 단어의 구조와 구성 방식을 '씨몸박굼, 씨몸셈, 씨뜻박굼'으로 구분하여 살펴보았는데, 이 중 합성어는 '씨몸셈'에서 다루었다.[5] '씨몸셈'이란 단어를 구성 성분의 개수에 따라 헤아리는 것으로 하나의 구성 성분으로만 이루어진 단어를 '낱몸(사람, 새, 고기, 돌…)'으로, 둘 이상의 구성 성분을 가진 단어를 '모인몸(물불, 검붉, 에는)'으로 분류한 것이다. 여기서 특징적인 것은 '모인몸'에서 '모시옷'과 같이 선행 성분이 후행 성분에 종속되는 관계를 제외하고 있다는 점이다.[6] 주시경(1913)에서는 어기의 의미가 대등적 관계로 연결된 것만을

---

5) '씨몸박굼'은 '검음, 정(精)하-, 일하-, 흰'과 같이 어기와 형성된 단어의 품사가 달라지는 경우를, '씨뜻박굼'은 '돌질, 크기는하'와 같이 어기와 형성된 단어의 품사가 달라지지 않는 경우를 말한다.

6) 주시경(1913)에서는 '모시옷'에 대해 '이는 모시와 옷을 거듭하여 한 몸으로 씀이 안이오 모시는 그 옷이 무엇으로 만들어진것이라고 가르치어 언몸노릇하는 임이라(이는 '모시'와 '옷'을 거듭하여 한 어기로 쓴 것이 아니고 '모시'는 그 옷이 무엇으로 만들어진 것이라고 가리켜 관형사어기의 역할을 하는 명사이다. 현대역: 안정아 외(2016))'라고 설명하였다. '모시'와 '옷'이 모두 명사이기는 하지만, '모시'가 〈재료〉라는 추가적인 의미를 가지며 관형어의 역할을 하므로 합성어가 아닌 통사적인 구로 처리해야 한다고

합성어로 인정하였던 것이다. 현대 학교 문법보다 합성어의 범주를 좁게 규정하는 셈이다.

현대 학교 문법에서 제시하는 합성어의 정의와 유형 분류 방식은 최현배(1937)에서 비롯되었다. 최현배(1937: 945)에서는 합성어를 '거듭씨(複詞)'로 부르고, 이를 '녹은거듭씨(融合複詞), 가진거듭씨(有屬複詞), 벌린거듭씨(竝列複詞)'로 나누었다. 주시경(1913)과 달리 종속 관계 합성어(가진거듭씨)를 합성어의 범주에 포함하였다.

이후 서정수(1981), 나은미(2007) 등에 의해 최현배(1937)의 합성어 분류 방식이 가진 한계가 지적되었다. 서정수(1981)에서는 최현배(1937)의 합성어 유형 분류에 구문론적 기준과 의미적 기준이 혼용되어 있으므로, 일관된 분류 기준이 세워져야 한다고 지적하였다. 대등(벌린거듭씨)과 종속(가진거듭씨)은 구문론적 기준이 적용된 분류이고, 융합(녹은거듭씨)은 의미론적 기준이 적용된 분류하는 것이다. 여기서 문제가 되는 것은 합성어의 유형을 분류하기 위해 설정된 기준이 두 개라는 점이 아니라, 두 기준이 체계 없이 적용되었다는 점에 있다.

나은미(2007)에서는 이와 같은 지적을 반영하여, 구성 성분의 통어적 관계(통사 기준)와 의미 관계(의미 기준) 두 가지를 별도의 층위로 적용하여 합성어의 유형을 분류하였다. 나은미(2007)에서는 합성어를 통어적 관계를 기준으로 등위 구조형과 부체 구조형으로 나누고, 의미 관계를 기준으로 융합 관계형과 결합 관계형으로 나누었다. 합성어의 유형 분류는 두 기준의 조합으로 이루어지는데, 최종적으로 '등위 구조-융합 관계형, 부체 구조-융합 관계형, 부체 구조-결합 관계형'의

본 것이다.

세 유형으로 나뉜다. '등위 구조-결합 관계형'은 존재하지 않는다고 본 것이다.[7]

구조 문법의 개념이 도입된 후, 합성어에 대한 관심이 더욱 고조되었다. 이 시기에 이루어진 합성어에 대한 연구 관점은 크게 두 가지로 나누어 볼 수 있다. 하나는 단어의 형식적 구조를 분석하는 문제이고 다른 하나는 통사적인 구와 합성어의 관계를 어떻게 설명할 것인가 하는 문제이다. 전자의 문제는 이익섭(1965)에서 제시되었다. 이 논문에서는 Nida(1949)를 토대로 '의미의 관련성', '대치 가능성', '언어 전 구조에 의한 지원도' 등의 직소(IC, immediate constituent) 분석 기준을 설정하고, 통합 합성어의 직소 문제를 제기하였다.[8]

통사적인 구와 합성어의 관계에 대한 논의는 김규선(1970)에서 시작되었다. 김규선(1970)에서 복합어를 '통사적 복합어, 반통사적 복합어, 비통사적 복합어'로 구분한 후, 합성어와 구의 경계 및 판별 기준의 설정 등에 대한 치열한 논쟁이 계속되었다. 허웅(1975)에서는 단어의 형태적 유사성과 차이점을 복합어의 분류 기준으로 제시하였는데, 이 연구 결과는 이후 통사부에서의 단어 형성을 가정하는 논의로 확장되기도 하였다.

생성 문법 시기에는 합성어의 형성 과정에 관심이 집중되었다. 구조의 분석에서 구조의 형성으로 시각이 전환된 것이다. 합성어를 형성

---

7) 이 책에서는 '남녀〈남자와 여자〉'나 '총칼〈총과 칼〉' 등을 등위 구조-결합 관계형, 즉 대등한 관계로 결합된 비융합 합성어로 볼 수 있음을 확인할 것이다. 이에 대한 구체적인 내용은 4.1절 참조.

8) 직소 분석의 문제에 대한 구체적인 논의로는 이석주(1987), 시정곤(1994), 김창섭(1996) 참고.

하는 일련의 규칙과 이를 제약하는 조건을 설정하는 논의가 주를 이루었다.[9] 생성 문법 시기에 이루어진 합성어 연구의 또다른 중요한 특징은 그간의 연구가 합성어의 형태를 중심으로 이루어졌던 것과 달리, 합성어의 의미에 관심을 둔 연구들이 시작되었다는 것이다.

인지 문법이 도입되면서 합성어의 형성에 대한 시각이 크게 달라졌다. 수많은 유형의 합성어를 생성하고 해석하기 위해서는 규칙이나 제약이 아닌, 화자의 심리적 절차를 살펴야 한다는 주장이 제기되었다. 인지적 관점에서 제안된 합성어의 형성 원리는 '유추'이다. 단어는 화자의 어휘부 내에서 다양한 관계를 통해 일정한 구조로 조직되어 있으며, 이 구조를 통해 새로운 형태의 합성어가 생성된다고 보는 입장이다.[10] 이후 '규칙론'과 '유추론'의 대립이 현재까지 꾸준히 지속되며 단어 형성 원리에 대한 이론이 심화되고 있다.

생성 문법 시기에 합성어의 의미에 대한 연구가 시작되기는 하였으나, 시기를 막론하고 주된 관심은 합성어의 형태를 향하고 있었다. 언어의 형태를 다루면서 의미의 문제를 완전히 분리해 낼 수는 없기 때문에 합성어의 의미 연구가 전무했다고는 보기 어렵다. 하지만 의미의 문제는 형태론적 문제를 해결하는 과정에서 주변적인 요소로 언급되는 수준이었으며, 의미의 문제 그 자체를 다룬 논의는 수가 많지 않다.

합성어의 의미에 집중한 연구는 두 가지로 나눌 수 있다. 첫 번째는 합성어의 의미가 생성되고 해석되는 방식에 대한 연구이고, 두 번째는 합성어의 의미 구조, 그 자체를 분석하는 연구이다. 먼저, 합성어의

9) 성광수(1988), 시정곤(1994), 김창섭(1996), 황화상(2001) 참고.

10) 구본관(1992), 박진호(1994), 채현식(1994, 1999, 2003), 송원용(1998) 참고.

의미 생성과 해석의 문제를 다룬 논의들부터 살펴볼 것인데, 이에 해당되는 연구는 어기의 의미 관계를 통해 합성어의 의미를 유형화하는 방식, 생성 문법의 연구 결과를 적용하는 방식, 인지의미론적 접근 방식으로 다시 나눌 수 있다.

합성어의 의미를 다룬 논의 중 가장 많은 것이 어기의 의미 관계를 통해 합성어의 의미를 유형화하는 방식이다.[11] 정동환(1991)에서는 합성어를 대등 관계 합성어, 종속 관계 합성어, 융합 관계 합성어로 나눈 뒤, 이를 다시 어기의 의미 특성과 의미 관계를 기준으로 세분하였다. 예를 들어 〈굴과 조개〉를 뜻하는 '구조개'는,[12] [+실체성], [+유정성]을 가진 두 어기가 '접촉-결합'의 의미 관계를 맺은 것으로 분류하는 방식이다.

이와 같은 방식의 연구에서 공통적으로 확인되는 한계는 연구 내에서 설정한 관계들이 각기 어떻게 변별되는지에 대한 설명이 부족하다는 것이다. 정동환(1991)은 종속 관계 합성 명사의 의미 관계를 '위치, 모양, 시간, 빛깔, 성별, 목적, 생산물, 종사하는 대상, 혈연, 소유, 원인, 근원, 상태, 혼합, 수단, 포함, 단위, 재료, 방향, 방법, 용도, 차례, 지시, 강조'의 24개 유형으로 나누었다. 그런데 각 유형에 대한 명확한 정의가 제시되어 있지 않으며, 제시된 예들만으로는 각각의 유형을 상보적으로 구분하는 일이 쉽지 않다. 실제로 일관성이 확보되지 않은 분석이 발견되기도 한다.

---

11) Jespersen(1965), Li(1971), Adams(1973), Downing(1977) 등이 도입되어 연구의 토대가 되었다. 국내 논의로는 유경종(1985), 안민수(1989), 전나영(1992), 이현미(1995), 정동환(1991), 김인균(2003), 조개나(2012) 등이 있다.

12) 의미, 의미 성분, 형태는 각각 〈 〉, [ ], ' ' 안에 표시하여 형식적으로 구별하였다.

다음으로 생성 문법의 연구 결과를 적용하여 합성어의 의미 생성 및 해석의 과정을 설명하는 논의를 살펴보자. 정정덕(1982)에서는, 변형의 과정에서 의미는 변화하지 않는다는 초기 생성 문법의 시각에서 합성어를 절로, 절을 다시 문장으로 변형하여 합성어의 의미를 파악하고자 하였다. 예를 들어 '가죽가방'을 '가죽으로 만든 가방'의 절로 변형한 뒤, 이를 다시 '(누가) 가죽으로 가방을 만들다'의 문장으로 변형하는 방식이다.[13)]

이 방식은 특별한 이론적 장점 없이 변형 부문을 매우 복잡하게 만들었다는 지적을 받았다. 게다가 단어의 의미와 문장의 의미가 동일하지 않다는 근본적인 한계를 고려하지 않았다. 즉 합성어를 문장으로 만들기 위해 설정된 변형 규칙과 합성어의 의미 생성 규칙을 등치시킬 수 없다는 점을 간과하였다는 것이다. 또한 이 주장은 언어의 습득 과정과 배치된다는 문제도 가진다. 합성어의 기저형으로 간주된, 관계절을 포함한 훨씬 정교한 구조를 습득하지 않은 시기에도 아이들은 명사 구성 합성어를 사용하고 생성해 낼 수 있다.[14)] 이는 합성어가 문장으로부터의 변형을 전제하지 않고도 생성될 수 있다는 것을 증명하는 사례이다.

최경봉(1998)에서는 생성 의미론에 어휘장 이론을 더하여 명사의 의

13) 강진식(1997) 역시 동일한 관점에서 합성어의 의미 형성을 다룬다. 이 논의에서는 합성어의 구성 성분들이 통합된 뒤 통사적인 구조를 거쳐 구 구조로 변모되고 구 구조는 다시 변형 과정을 거쳐 합성어로 굳어진다고 보았다. 변형의 관점에서 합성어의 의미를 설명하는 방식의 논의는 정정덕(1982)와 강진식(1997) 외에는 더 발견되지 않는다.

14) Clark(1995)에 따르면 만1세의 아동들은 단일어를 위주로 사용하지만, 만2세가 되면 1세에 사용하던 단어들을 합성하여 puppy-dog, baby-rabbit, blackbean-soup과 같은 합성어를 만들어 사용할 수 있다고 한다.

미 구조를 확립한 뒤, 명사의 의미 구조가 명사 연결 구성의 의미 생성과 해석의 과정에 작용하는 원리를 밝혔다. 이 논의를 통해 명사의 합성을 통해 생성 가능한 의미들에 대한 원리화가 이루어졌다고 판단된다.

마지막으로 합성어의 의미 생성과 해석에 인지의미론적 관점을 적용하는 방식을 살펴보겠다. 최지훈(1999)에서는 합성의 과정에서 은유와 환유를 통해 의미 전이를 겪은 합성 명사를 전의(轉義) 합성 명사로 규정하고 각각을 유형화하였다.[15] 김억조(2020)에서는 여기에 임지룡(2008:364)에서 소개된 '개념적 혼성'을 더하였다. 인지의미론적 관점에서 이루어진 논의들은 합성어의 의미를 해석하는 데 매우 유용하나 어휘부 내의 인지적 연결망을 통하지 않고도 생성될 수 있는 합성어들이 존재하며, 인지적 연결망이 어휘 내적인 근거를 통해 형성될 수 있다는 점이 간과되고 있어 아쉬움이 있다.

이제, 합성어의 의미 구조를 분석하는 방식에 대한 연구를 살펴보자. 논의의 초점을 의미 결합 과정에서, 결합된 의미의 구성 그 자체로 옮긴 논의들을 말한다. 이에 관련된 논의는 합성어의 의미 생성과 해석을 다룬 논의에 비해서도 그 수가 더 적다. 합성어의 의미를 어기의 의미와 그 외의 의미로 분석한 최초의 본격적인 논의는 김계곤(1974나)이다. 이 논의에서는 종속 합성 명사를 대상으로 구성 성분의 의미와 추가적 의미를 구분하여 '덧난 뜻'으로 부르고 이를 선행 성분에 결합된 문법 형태소에 따라 유형화하였다.[16]

---

15) 김은혜(2001), 강병창(2013), 김동환(2013)은 은유적 합성어를, 최영주(2012), 이미영·임성출(2014)은 환유적 합성어를 중심으로 한 논의이다. 김병규(2004)에서는 최지훈(1999)와 마찬가지로 은유적 합성어와 환유적 합성어를 모두 다루고 있다.

앞서 언급하였듯이 김계곤(1974나)는 합성어의 의미를 구성 성분의 의미와 추가 의미로 나누어 체계화한 최초의 논의라는 의의를 가지고 있다. 하지만 구성 성분의 의미와 덧난 뜻의 경계 구분이 모호하며, 비합성적 의미까지 의미 분석의 대상으로 삼고 있어 아쉬움이 있다. 예를 들어 이 논의에서는 〈철을 모르는 사람〉, 또는 〈철을 모르는 어린아이〉를 뜻하는 단어 '철부지'를 〈(앞)이 [없]한 (뒤)의 [뜻]: 철이 나지 아니한 부지의 사람〉으로 분석하였다. 그러나 이 단어의 의미는 '철'과 '부지(不知)'가 결합된 합성적 의미 〈철을 모름〉에 〈그러한 사람(어린아이)〉이라는 합성 이후에 파생된 의미가 더해진 결과이다. 전자는 합성의 과정에서 생성된 합성적 의미이나, 후자는 합성이 완료된 뒤 생성된 비합성적 의미이다. 합성어의 의미 구조를 분석함에 있어, 생성의 층위가 다른 의미 단위에 대한 보다 체계적인 분석이 필요하다.

이숙경(2004)는 '보다'를 구성 성분으로 하는 복합어를 대상으로 결합 구조를 유형화한 논의이다. 이 논의에서는 복합어의 의미 결합 양상을 단순결합형(AB, AfB), 구성요소변이형(A′fB, Af′B), 단순결합변이형((AfB)′), 의미요소추가형(AαB), 의미요소추가+구성요소변이형(AαB′), 의미추가변이형((AαB)′), 의미변이형(Z)으로 나누었다. 이숙경(2004)에서는 구성 성분의 의미로 볼 수 없는 추가 의미를 α로 표시하고 있는데, 이 논의에서 살핀 α는 문법적 의미에 한정된다.[17]

---

16) 김계곤(1974나)에서는 덧난 뜻을 '앞조각이 자리토씨(격조사)를 취하는 것, 앞조각이 도움토씨(보조사)를 취하는 것, 앞조각이 이음토씨(접속조사)를 취하는 것, 앞조각이 겹친 토씨를 취하는 것, 앞조각이 풀이씨의 밑말의 형태로 나타나는 것, 그 밖의 경우' 여섯 가지로 유형화하였다.

17) 김혜령(2015)에서는 문법적 의미에 해당되는 추가 의미 α를 '조어 의미'로 규정하였다. 본고에서도 합성어의 의미 구성 요소로서 '조어 의미'를 규정할 것인데, 합성의 과정에

합성어의 추가 의미에 어휘적 의미 역시 포함되어 있다는 사실을 지적한 논의들도 발견된다. 최호철(2000)에서는 합성어의 의미가 물리적 결합을 넘어 화학적 결합을 이룰 수 있어, 구성 성분의 의미 그 이상의 의미를 가질 수 있다는 점을 지적하였다. 그 예로 '불고기'의 〈로 익힌〉과 '물고기'의 〈에 사는〉을 제시하였는데, 〈익히다〉, 〈살다〉가 추가된 어휘적 의미에 해당된다. 이 논의에서는 이를 어기와 관련이 있는 화맥적 의미라고 설명하였다.

이동혁(2006)은 '셀프'를 구성 성분으로 하는 합성어를 대상으로 의미 구조를 밝힌 논의이다. 이 논의에서는 '셀프 커피'의 의미 〈소비자가 직접 가져다 마시는 커피〉를 설명하기 위해 '서비스'의 의미를 도입하는 과정을 설정하였다. 또한 나은미(2007)에서는 '봄비'의 의미 〈봄에 내리는 비〉를, '〈내리는〉'이라는 언어 요소의 매개를 통해 두 의미 요소 '〈봄〉'과 '〈비〉'가 결합된 구성으로 설명하였는데, 이 역시 구성 성분의 의미와 분리된 추가적인 의미 단위로서의 어휘적 의미를 인정한 것이라 볼 수 있다. 정한데로(2014가) 역시 합성어의 의미 중 어기의 의미로 볼 수 없는 추가 의미 α를 의미 구성의 단위로 인정해야 한다는 점을 주장하고, α의 범위와 유형을 다룬 논의이다. 이 논의에서도 김계곤(1974나)와 마찬가지로 합성의 과정에서 추가된 의미와 합성이 완료된 뒤 추가된 의미를 구분하지는 않았다.

합성어가 어기의 의미 그 이상의 의미를 가지고 있다는 지적은 꾸준하였으나, 이를 실제 분석의 관점에서 다룬 논의는 유형화하기 어려울 만큼 적다. 또한 이상의 논의들에서는 합성어의 의미 중 결합 구조를

서 추가되는 어휘적 의미를 포함하는 것으로 개념을 확장할 것이다.

분석할 수 있는 합성적 의미와 그렇지 않은 비합성적 의미가 구분되어야 한다는 점이 간과되었으며, 어기의 의미와 추가된 의미의 경계 문제가 충분히 고려되지 않았다는 한계가 발견된다. 또한 문법적 의미의 추가에 대한 논의에 비해 어휘적 의미의 추가에 대한 문제가 체계적으로 다루어지지 않았다는 것 역시 아쉬운 점이다. 이에 본고에서는 합성어에서 관찰되는 추가 의미에 대한 체계적인 유형화와 각 유형에 대한 세부적인 고찰에 집중하였다.

1.3. 연구 대상

1.3.1. 합성어의 의미를 바라보는 관점

합성어의 의미와 형식이 관계를 맺는 층위는 둘로 나누어 볼 수 있다. 첫 번째는 합성어의 형식이 형성되는 단계이고 두 번째는 형성된 합성어의 형식으로부터 의미를 추론하는 단계이다. 본고에서는 이를 각각 '개념의 형식화'와 '형식의 의미화'로 부른다. 용어 간의 대응 관계를 부각시키기 위해서는 '개념의 형식–형식의 개념화'나 '의미의 형식화–형식의 의미화'의 대응이 더 적절하다고 생각될 수 있다. 하지만 본고에서는 형식에 대응되는 내용을, 언어화를 기준으로 언어화 이전의 '개념'과 언어화 이후의 '의미'로 구분하였다.

먼저 개념의 형식화 단계를 생각해 보자. 세상에는 수많은 작용과 현상들이 존재하지만, 그것이 모두 우리에게 유의미하게 인식되지는 않는다. 또한 우리가 인식한 것이 모두 언어화되는 것도 아니다. 즉 우리는 세상의 일부를 포착하여 인식하고, 그 중 다시 일부를 언어로 표현하게 된다.[18] 우리가 실제 사용하는 언어화의 최소 단위는 단일어이다. 언어화의 단위는 단일어와 다양한 형식 형태소의 결합을 통해 확장되는데, 합성어도 이 중 하나이다. 합성어의 측면에서 개념의 형식화란 자신이 표현하고 싶은 개념을 잘 전달할 수 있는 단어를 선택하여 결합 형식으로 구성하는 과정이라고 할 수 있다.

(1) 개념의 형식화

가. 〈갑자기 부자가 된 사람〉 → '갑작부자', '벼락부자', …

나. 〈젖을 먹는 아기〉 → '젖먹이', '젖아기', …

개념의 형식화 방향에서 합성어를 연구할 때에는, 개념의 구성 요소 중 어떤 것이 선택되어, 어떠한 방식으로 언어화되는가가 연구 대상이 된다. 예를 들어 (1가)에서 볼 수 있듯이 〈갑자기 부자가 된 사람〉이라는 의미를 개념과 직접적으로 연결이 가능한 '갑작부자'라는 형식으로 전달할 수도 있고, '벼락부자'처럼 비유를 통해 선택된 형식으로 전달할 수도 있다. (1나)의 '젖먹이'와 '젖아기'는 모두 개념과 직접적인 연관성을 맺고 있는 형식들로 구성된 단어들로, 두 단어의 형식은 개념의 구성 요소 중 행위에 초점을 두었는가, 행위의 주체에 초점을 두었는가에 따라 달라진 것이다.

여기서 함께 살펴볼 것은, 위에 제시된 예들이 한국어 공동체에서 차지하는 위상이 서로 다르다는 점이다. '벼락부자, 젖먹이, 젖아기'와

---

18) 황화상(2001: 215)에서 역시 '단어는 새로운 형태가 먼저 만들어지고 개념이 부여되는 과정으로 만들어지는 것이 아니라, 새로운 개념이 먼저 만들어지고 그것을 표현할 형태가 대응되는 과정으로 만들어진다.'는 사실을 지적하였다.

달리 '갑작부자'는 한국어에서는 사용되지 않는다. 또한 '젖아기'는 '젖먹이'에 비해 사용 빈도가 극히 낮다. 이와 같은 차이는 사전의 기술을 통해서도 확인된다.

(2) 가. 갑작부자: 〈'벼락부자'의 북한어〉
¶ 해방이 되자 우리는 옥답과 많은 밭을 그저 분여받아 갑작부자가 되었답니다.
나. 벼락부자: 〈갑자기 된 부자〉
¶ 그는 복권이 당첨되는 바람에 벼락부자가 되었다.
다. 젖먹이: 〈젖을 먹는 어린아이〉
¶ 젖먹이를 둔 엄마는 끼니를 제때 챙겨 먹기가 여의치 않다.
라. 젖아기: 〈젖을 먹는 어린아이〉
¶ 정신없이 젖을 빠는 젖아기를 바라보는 어머니의 얼굴에는 미소가 가득하였다.

(2가)는 『우리말샘』의 기술을 옮긴 것이고, (2나)와 (2다)는 『표준국어대사전(이하, 『표준』)』, (2라)는 『고려대한국어사전(이하, 『고려대』)』의 기술을 각각 옮긴 것이다.[19] 『고려대』는 코퍼스를 기준으로 쓰임이 확인되는 어형을 적극 수록하였고, 그 과정에서 '젖아기'와 같은 표제어들이 선정되었다. 하지만 『표준』에서는 그 쓰임이 사회적인 용인을 얻었다고는 보기 어렵다고 판단하여 등재하지 않은 것으로 보인다. 위의 예를 통해 확인할 수 있는 것은 어떤 개념을 표현하기 위해서

19) 『표준』에서는 사전의 특성을 고려하여 『표준』에 등재되어 있던 북한어 및 방언, 옛말 등의 표제어를 삭제하였다. 삭제된 표제어는 『우리말샘』에서 확인할 수 있다.

다양한 언어 형식이 선택될 수 있으나, 다양한 언어 형식이 언어 공동체 내에서 차지하는 위상이 동일하지는 않다는 것이다.

형태론에서 사용되는 '가능어, 실재어, 정착어'의 용어를 이용하면 네 단어의 지위를 좀더 명료하게 표현할 수 있다. '가능어, 실재어, 정착어'는 연구자에 따라 달리 정의된다. 본고에서는 사용 여부와 상관없이 생성이 가능한 단어를 '가능어'로, 단일한 언어 공동체에서 쓰임이 확인되는 단어를 '실재어'로, 쓰임의 일반성을 인정받은 단어를 '정착어'로 구분한다.[20]

이 책에서는 형식과 의미를 변별하고 있으므로, 이를 반영하자면 '가능 형식, 실재 형식, 정착 형식'으로 표현하는 것이 논의를 더욱 명료하게 해 줄 것이다. 이 개념을 반영하여 위에 제시한 단어를 분류해 보자. '갑작부자, 벼락부자, 젖먹이, 젖아기'는 모두 가능 형식이지만, 이 중 '갑작부자'는 한반도 남측을 기준으로 할 때 쓰임이 확인되지 않으므로, 해당 한국어 공동체에서 실재 형식은 될 수 없다. 또한 '젖아기'는 『표준』을 기준으로 할 때, 쓰임의 일반성을 획득하지 못했다고 볼 수 있으므로 정착 형식에서 배제된다. 이 관계를 그림으로 정리하면

20) 가능어(possible word)는 Bauer(2004:86)에서 '검증되지는 않으나 한 언어 체계에서 적격한 문법 형식으로 인정될 수 있는 단어'로 정의된다. 형태소의 목록에 단어 형성 규칙을 적용하여 생성될 수 있는 가능한 단어를 가리킨다. 이와 유사한 개념으로 잠재어(potential word)가 사용되기도 하는데, 가능어와 잠재어를 동일한 개념으로 사용하는 경우도 있고, 가능한 음운론적 배열형과 가능한 형태론적 조작의 결과물로 각각을 구별하는 경우도 있다. 실재어(actual word)는 실재성이 확인된 단어를 말한다. Bauer(2004:12)에서는 사용이 되어 검증받아 사전에 등재된 것을 확인할 수 있는 말로 정의하였으나, 이상욱(2007)에서 실재성과 언중의 공인(사전 등재) 여부가 일치될 수 없다는 점이 지적되었다. 구본관(1998:31)에서는 실재성을 가진 단어와 공인된 단어를 각각 임시어와 실재어로 구분하였다. 이상욱(2007)에서는 실재어 대신 정착어가 사용되었으며, 실재어는 임시어와 정착어를 아우르는 용어로 쓰였다.

다음과 같다.

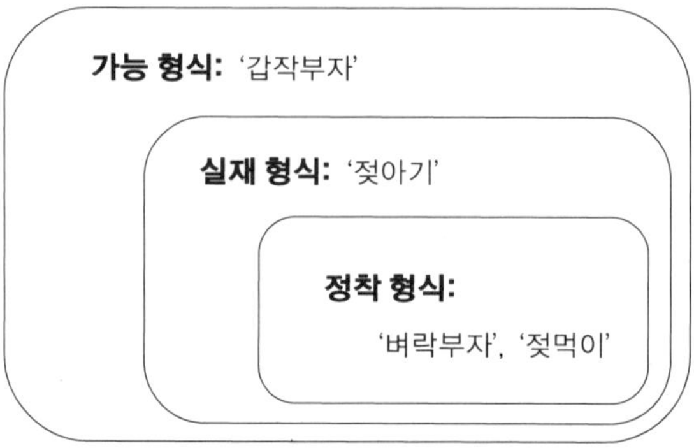

〈그림 1〉 가능 형식, 실재 형식, 정착 형식의 관계

이번에는 합성어의 형태로부터 의미를 해석하는 단계를 살펴 보자. 개념의 형식화에 참여한 화자라면 합성어의 형태에서 의미를 추론하는 과정을 거치지 않고 의미와 형태를 연결할 수도 있을 것이다. 하지만 그렇지 않은 화자라면 제한된 형식 속에서 의미를 해석해 내는 과정을 겪어야 한다. 이 과정이 형식의 의미화에 해당된다.

(3) 형식의 의미화

가. 꽃그릇 → 〈꽃이 그려진 그릇〉, 〈꽃을 담는 그릇〉, …

나. 젖먹이 → 〈젖을 먹는 일〉, 〈젖을 먹는 사람〉, 〈젖을 먹는 아기〉, …

형식의 의미화 단계에서는 주어진 형식 속에서 어떤 의미가 해석될 수 있는지 살피는 일이 의미론 연구의 과제가 된다. 예를 들어 '꽃그릇'이라는 형식에 대응되는 의미는 〈꽃이 그려진 그릇〉일 수도, 〈꽃을 담는 그릇〉일 수도 있다.[21] 또한 '젖먹이'라는 형식에는 〈젖을 먹는 일〉의 의미가 대응될 수도 있고, 〈젖을 먹는 사람〉의 의미가 대응될 수도 있다. 또한 상식에 의거하여 〈젖을 먹는 사람〉에서 〈사람〉의 의미를 〈아기〉로 구체화할 수도 있다. 다만 형식에 대한 언어 공동체의 선호도가 존재했듯이, 의미에 대한 선호도 역시 존재하기 때문에 한국어 공동체에서는 '꽃그릇'은 〈꽃이 그려진 그릇〉의 의미로, '젖먹이'는 〈젖을 먹는 아기〉의 의미로 주로 사용된다.

'가능어, 실재어, 정착어'의 용어를 다시 한번 이용하여 위에 기술된 의미들을 '가능 의미, 실재 의미, 정착 의미'로 나누어 살펴 보자. 위에 제시된 다섯 개의 의미는 모두 '가능 의미'이다. 하지만, 이 중 〈젖을 먹는 일〉이나 〈젖을 먹는 사람〉에 해당되는 쓰임은 코퍼스에서 확인되지 않으므로, 두 의미를 제외한 나머지 세 개만이 '실재 의미'가 된다. 또한 쓰임이 확인되기는 하나, 일반성을 인정받지 못한 〈꽃을 담는 그릇〉은 '정착 의미'에서 배제된다. 이 관계를 그림으로 정리하면 다음과 같다.

---

21) 다음은 세종 코퍼스에서 확인한, '꽃그릇'을 〈꽃을 담는 그릇〉의 의미로 사용한 용례이다. 〈꽃그릇〉을 〈꽃을 담는 그릇〉, 즉 '꽃병'의 동의어로 사용하는 예는 이외에도 적지 않게 발견된다.

"엄마 이 맷돌, 이 꿀항아리 나 줘."하고 조르면 "그게 우째 꽃그릇이 되노, 두부하고 묵 하는 거제, 콩은 돌에 갈아야 맛있고 과절도 잘생긴 독에 담가 둬야 맛있는 기라."하신다. 〈김영희(1992), 『아이를 잘 만드는 여자』, 디자인 하우스〉

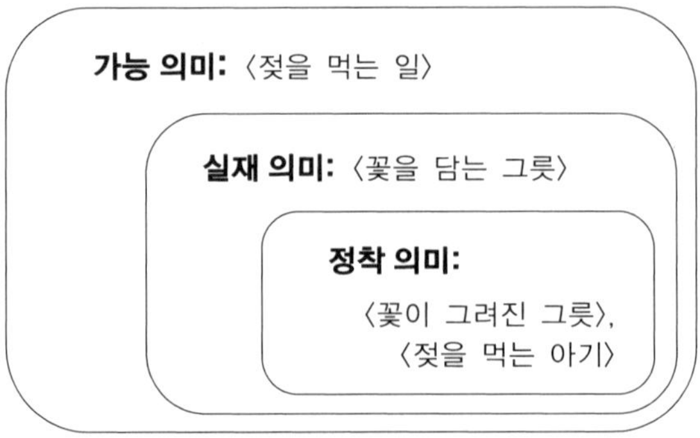

〈그림 2〉 가능 의미, 실재 의미, 정착 의미의 관계

지금까지 합성어의 경우, 개념의 형식화 단계와 형식의 의미화 단계에서 의미와 형식이 일정한 관계를 맺게 되며, 의미(또는 개념)와 형식의 관계가 일대일 관계가 아니라 다대다 관계일 수 있다는 점을 확인하였다. 또한 생성 가능한 형태와 의미 중 실제 쓰임이 확인되는 것과 그렇지 않은 것이, 그리고 언중에 의해 선호되는 것과 그렇지 않은 것이 존재한다는 점도 지적하였다. 이 사실들은 합성어의 연구 목표를 설정하는 데 큰 영향을 미치게 되며, 또한 연구 목표에 따라 연구 대상의 범주 설정 역시 달라진다. 이상의 내용은 다음과 같은 질문으로 정리할 수 있다.

(4) 가. 형태를 대상으로 하는가, 의미를 대상으로 하는가?
나. 개념의 형식화를 다루는가, 형식의 의미화를 다루는가?
다. '가능 형식, 가능 의미'를 대상으로 하는가, '정착 형식, 정착 의미'를 대상으로 하는가?

이 책의 관심은 합성어의 형태로부터 의미를 해석해 내는 방향, 즉 형식의 의미화에 놓여 있으며, 이 중에서도 정착 의미를 대상으로 한다. 정착 의미의 판단은 사전에 근거하는 것을 원칙으로 한다.[22] 사전을 어휘의 실체를 적극적으로 수집하고 정리한 자료로 보고 활용하는 것이다. 우선 『고려대』를 통해 일정 빈도 이상의 합성어를 추출하고,[23] 이 중 『표준』과의 교차 확인을 통해 공통으로 등재된 것만을 분석 대상으로 선정하였다. 합성어의 의미 기술 역시 『표준』을 기준으로 하였다. 합성어로서의 판정 여부 등에 대한 불필요한 논란을 피하기 위한 선택이다. 하지만 합성어의 의미 구조를 파악하기에 더 적합하다고 판단되는 경우, 판단 근거를 밝힌 뒤 『고려대』나 『한국어 기초사전(이하, 『기초』)』, 『우리말샘』 등의 의미 기술을 옮겨 사용하기도 하였다.

용례 역시 사전에 등재된 것을 우선 사용하였다. 사전은 이용자에게 규범을 제시해 주어야 한다는 부담과, 다양한 집필상의 제약으로 인해 보수성을 띠게 된다. 사전의 보수성은 대상의 실재 여부로 논의

---

22) 실재 의미와 정착 의미 사이의 경계를 검증할 수 있는 가장 객관적인 지표는 사전이다. 사전의 등재 여부를 기준으로 실재 의미의 정착 여부를 확인할 수 있다. 하지만 사전 등재 여부가 절대적인 기준이 될 수 없음은 분명하다. 사전 편찬자의 주관적 판단을 배제할 수 없기 때문이다. 가능 의미, 실재 의미, 정착 의미를 명확히 구분하는 일은 무척 까다로운 일일뿐만 아니라, 본고의 논의에 영향을 미치지 않는다. 본고에서는 사전 등재 여부를 기준으로 하여 가능 의미와 정착 의미를 구분하는 선에서 논의를 진행할 것이다.

23) 표제어의 형태 분석 정보와 사용 빈도 정보를 제공해 준 민족문화연구원에 깊은 감사를 전한다. 형태 분석 정보는 종이사전과 웹사전에 공개되어 있으나 사용 빈도 정보는 공개되어 있지 않다. 『고려대』에서는 SJ-RIKS Corpus(Sejong - Research Institute of Korean Studies)에서 표제어의 사용 빈도를 추출하였다. SJ-RIKS는 약 1,500만 어절 규모로 다양한 장르의 텍스트들이 포함되어 있으며 형태, 의미적 중의성을 최대한 정확하게 분석해 놓은 균형 말뭉치이다.

가 흐려지는 것을 막아 주는 장점으로 변환된다. 사전에 제시된 용례로 부족할 경우 말뭉치나 뉴스 코퍼스 등을 이용하여 보완하고, 출처를 명시하였다.

여기에 한 가지 더 짚어야 할 중요한 것은 이 책은 합성어의 정착 의미를 구성하는 요소가 무엇인지 밝히는 데 주목하고 있다는 것이다. 합성어의 형태로부터 정착 의미를 도출해 낼 수 있는 규칙을 찾는 일은 논의의 영역에 속하지 않는다. 이 책의 목표는 합성어의 의미를 구성하는 단위를 설정하고, 단위 간의 경계를 명확히 하는 데 있다.

1.3.2. 합성어와 어기의 정의

합성어는 둘 이상의 어기로 구성된 단어를 말한다. 이 정의가 의미하는 바를 명확히 하기 위해서는 '어기(語基, base)'에 대한 개념이 정리되어야 한다. '어기'를 정의하는 방식이 연구자에 따라 다르기 때문이다. '어기'의 용어 정의 문제를 본격적으로 다룬 최초의 논의는 이익섭(1975)이다. 이 논의에서는 '어기'를 '어간(語幹, stem)', '어근(語根, root)'의 상위 개념으로 정의하였다.

(5) 이익섭(1975: 33-36)

가. 어근: 단어의 중심부를 이루는 형태소이긴 하되, 늘 의존 형식이어야 하고 또 굴절 접사가 직접 결합될 수 없는 형태소 어느 경우나 굴절 접사와 직접 결합될 수 없으며 동시에 자립 형식도 아닌 단어의 중심부.

나. 어간: 굴절 접사(어미)와 직접 결합될 수 있거나 아니면 그

단독으로 단어가 될 수 있는 단어의 중심 부분.

다. 어기: 어근과 어간을 묶는, 접사에 대가 되는 것. 단어의 중심부를 이루는 접사에 대 되는 형태소.

이익섭(1975)에서는 '어근'과 '어간'을 굴절 접사(어미)와의 결합 여부와 자립성을 기준으로 배타적으로 정의하였다. 굴절 접사(어미)와의 직접 결합이 불가능한 비자립 형식('깨끗-', '나직-')을 어근으로, 굴절 접사(어미)와의 직접 결합이 가능하거나(걷-, 웃-), 자립성을 가진 형식(어깨, 나무)을 어간으로 구분한 것이다. 그런데 이 논의는 최호철(2000: 336-337)에서 지적하였듯이 어근과 어간의 상위 개념을 설정할 경우 단어 형성과 문장 형성이라는 별개의 층위에서 규정되는 개념을 동일 층위의 배타적 개념으로 다루는 셈이 되므로 문제가 된다. 고영근·구본관(2008: 255-256)에서도 한국어와 같이 활용론의 성립 여부가 분명하지 않은 경우 어간과 어근을 묶거나 굴절 접사와 파생 접사를 묶는 상위 개념을 두는 것이 유용하지 않다는 점을 지적하였다.[24]

남기심·고영근(1985/1993)에서는 어근과 어간을 별개의 층위로 구분하여 정의하였다.

(6) 남기심·고영근(1985/1993: 192)

가. 어근: 복합어의 형성에 나타나는 실질 형태소.

ㄱ. 규칙적 어근: 품사가 분명하고 다른 말과 자유롭게 통합할 수 있는 어근.

---

24) 최형용(2002), 최기용(2003)에서도 단어 형성의 층위와 문장 형성의 층위는 구분되므로 동일한 층위에서 어근과 어간을 정의하는 것은 문제가 된다고 지적하였다.

ㄴ. 불규칙적 어근: 품사가 명백하지 않으며 다른 말과의 통합이 제약된 어근.

나. 어간: 활용시의 불변 요소. 활용어의 중심이 되는 줄기 부분.

남기심·고영근(1985/1993)에서 어근의 개념은 단어 형성 층위에서 규정되고 있으며, 이와 달리 어간의 개념은 활용의 층위, 즉 문장 형성 층위에서 규정되고 있다. 어기는 별도로 설정하지 않았다. 하지만 위의 정의 역시 문제가 남는다. 단어의 계층적 구조를 반영하지 못하고 있기 때문이다. '물결'과 '물결무늬'의 예를 들어 설명해 보자. '물결'은 '물'과 '결'이 결합되는 한 번의 과정만으로 만들어질 수 있는 복합어이다. 하지만 '물결무늬'는 '물'과 '결'이 결합되어 '물결'을 이룬 뒤, 여기에 다시 '무늬'가 결합되는 단계적인 과정을 거쳐 만들어진다. 그런데 위 정의에 따르면 '물결무늬'의 구성 성분인 '물결'과, '물결'의 구성 성분인 '물'과 '결'이 구분되지 않고 모두 어근으로 처리된다.

안상철(1998)에서는 단어의 계층적 구조를 고려하여 세 용어의 개념을 다음과 같이 정의하였다.[25]

(7) 안상철(1998: 25-27)

가. 어근: 어휘의 형성 과정에서 더 이상 세분할 수 없는 최소의 단위이며, 가장 중심적인 요소. 모든 접사를 제외한

25) 이 논의에서는 Bauer(1983)의 개념 정의를 수용하고 있다. Bauer(1983: 20-22)에서는 어근, 어간, 어기를 다음과 같이 정의하였다.

가. 어근: 파생 형태론 혹은 굴절 형태론의 관점에서 더 이상 분석될 수 없는 요소.

나. 어간: 굴절 형태론을 다룰 때에만 관여하는 요소.

다. 어기: 어떤 종류의 접사가 붙을 수 있는 어떤 요소.

핵심적인 형태소.

나. 어간: 굴절 접사가 붙을 수 있는 중심 요소.

다. 어기: 새로운 파생이나 굴절 어느 어휘형성 과정에 참여하는 중심(핵심) 요소.

안상철(1998)에서의 어기 역시 어근과 어간을 포함하는 상위 개념이다. 하지만 이익섭(1975)와 달리 어기가 어근과 어간으로 양분되지는 않는다. 어근은 어기 중에서 더 이상 세분할 수 없는 최소 단위를 특정한 개념이고, 어간은 어기 중에서 굴절 접사와 결합할 수 있는 것만을 특정한 개념이다. 이에 따르면 어근도 어간도 아닌 어기가 존재하며, 또한 어근이며 어간인 어기도 존재한다. 안상철(1998)에서는 'counted', 'countable', 'uncountable', 'uncountables'를 예로 들어 어기, 어간, 어근의 관계를 설명하고 있는데 이를 표로 정리하면 위와 같다.

〈표 1〉 어기, 어간, 어근의 관계(안상철 1998: 25-27)

	굴절 접사와 결합 가능 = 어간	굴절 접사와 결합 불가
분석 불가 = 어근	가. 'counted'의 'count'	나. 'countable'의 'count'
분석 가능	다. 'uncountables'의 'uncountable'	라. 'uncountable'의 'countable'

안상철(1998)에 따르면 'counted'와 'countable'의 'count', 'uncountables'의 'uncountable', 'uncountable'의 'countable'은 모두 어기이다. 각 예에 제시된 결합 단위의 형성 과정에서 중심이 되기 때문이다. 하지만 어간과 어근의 판정 여부는 각각의 예마다 달라진

다. 먼저 (표1가)의 'count'는 굴절 접사 '-ed'가 결합되므로 어간이며, 동시에 더 이상 분석되지 않는 어근이다. (표1나)의 'count'는 뒤에 결합된 '-able'이 굴절 접사가 아니므로 어간은 될 수 없으나, 더 이상 분석되지 않는 단위이므로 어근이다. (표1다)의 'uncountable'은 뒤에 굴절 접사 '-s'가 결합되므로 어간이나, 'un-'과 'countable'로 더 분석될 수 있으므로 어근으로는 볼 수 없다. 마지막으로 (표1라)의 'countable'은 결합된 'un-'이 파생 접사이므로 어간이 아니며, 'count'와 'able'로 더 분석될 수 있으므로 어근도 아니다.

안상철(1998)의 접근 방식은 단어의 계층적 형성 과정을 파악하는 데 유용한 면이 있다. 하지만 어기를 접사의 대가 되는 요소로 한정하여 정의하고 있기 때문에 합성어의 구성 성분에 해당하는 개념이 비게 된다. '물결무늬'의 예를 다시 이용해 보자. '무늬'는 더 이상 분석할 수 없는 단위이므로 어근이다. 하지만 '물결'은 '물'과 '결'로 더 나눌 수 있으므로 어근이 아니며, '물결'과 결합한 '무늬'가 굴절 접사가 아니므로 어간도 되지 않는다. 또한 '물결무늬'가 형성되는 과정은 파생도 굴절도 아니므로 어기도 될 수 없다.

최호철(2000:334-338)에서는 '의미적 중심 요소'라는 개념을 도입하여 앞선 논의들과는 다른 방식으로 용어들을 정의하였다. 먼저 단어의 결합 과정을 형태론적 층위와 통사론적 층위로 나누고, 형태론적 층위의 의미적 중심을 어기로 통사론적 층위의 의미적 중심을 어간으로 정의한다. 여기에 단어의 계층적 형성 과정을 고려하여 단어의 어기 중 더 이상 분석될 수 없는 단위를 어근으로 정의하였다. 어간 역시 분석이 가능한 형식(검붉-, 맞히-)과 더 이상 분석될 수 없는 형식(걷-, 먹-)으로 구분될 수는 있으나, 이 구분은 형태론 층위의 문제이므로 복합 어간과 단일 어간을 구분하는 용어를 별도로 마련할 필요는 없다고 보았다.

이 책에서 사용하는 어기는 최호철(2000)의 개념 정의를 수용한 것이다. 하나의 단어가 두 개의 형태소로만 구성되어 있을 경우에는, 의미적 특성에 따라 형태소를 어근, 또는 접사로 구분할 수 있다. 두 형태소 중 접사가 포함되어 있을 경우 파생어가 되고, 접사 없이 어근으로만 구성되어 있을 경우 합성어가 된다. 그러나 세 개 이상의 구성 성분이 계층적으로 결합되어 하나의 단어를 이룰 경우 상위 요소의 구성 성분이며, 동시에 하위 요소의 결합형에 해당되는 중간 단계의 구성단위가 존재하게 되는데 이를 지칭할 수 있는 용어로 어기를 사용하는 것이다.[26] 이때 어기를 중간 단계의 구성단위만을 가리키는 용어로 한정하지 않고 어근을 포함하는 개념으로 넓게 정의한다. 이상의 내용을 정리하면 어근, 어기, 어간은 다음과 같이 정의된다.

(8) 어기, 어근, 어간의 정의

가. 어기: 형태론 층위에서 단어의 의미적 중심.

나. 어근: 형태론 층위에서, 더이상 분석할 수 없는 단어의 의미적 중심.

다. 어간: 통사론 층위에서 단어의 의미적 중심.

이제 합성어의 정의로 돌아가 보자. 앞서 합성어를 둘 이상의 어기가 결합된 단어로 정의하였다. 명사 구성 합성어는 둘 이상의 명사

26) '가위바위보, 두서너, 상중하'와 같이 셋 이상의 단어가 계층적 구조 없이 단순히 나열되어 결합된 합성어도 존재한다.

어기가 결합된 단어로 정의된다. 그렇기 때문에 이 책에서는 명사 어기가 결합된 결과 생성된 합성 부사(밤낮II, 방울방울II 등)는 다루지만, 명사가 아닌 구성 성분들의 결합으로 생성된 합성 명사(먹거리, 찾아보기 등)는 다루지 않는다.

명사 구성 합성어로 연구 대상을 한정한 이유는 구성 성분의 문법적 특성에 따라 달라지는 다양한 현상을 개별 연구를 통해 모두 아우를 수 없기 때문이다. 이에 가장 다양한 의미 특성을 가지며 그 수 또한 가장 많은, 명사로 구성된 합성어를 우선적인 연구 대상으로 택하였다. 명사를 통해 실현될 수 있는 어휘 의미는 구체적인 실체부터 상태, 사건까지 다양하다. 명사라는 범주 안에 다종다양한 의미 특성을 가진 어휘들이 모여 있다는 뜻이다. 명사 각각이 가진 의미 특성은 합성어의 의미 구조에 영향을 주므로, 합성어의 의미 구성 요소와 그 구조를 관찰하고자 할 때 명사는 가장 우선적인 연구 대상으로 고려될 만한다. 또한 명사는 다른 품사의 어휘들에 비해 비교적 그 의미가 명료하게 파악된다. 이는 합성의 과정에서 추가되는 어기의 의미 이상의 의미를 유형화하고 별도의 의미 구성단위로 구분하고자 하는 본고의 연구 목적에도 부합되는 장점이다.

2장
명사 구성 합성어의 의미 구성

어떤 대상의 구조를 파악하기 위해서는 구조 분석의 단위, 즉 구성단위에 대한 이해가 필요하다. 2장에서는 명사 구성 합성어의 의미 구조 파악을 위해 필요한 단위들과 그 경계를 살펴볼 것이다. 첫 번째는 합성적 의미와 비합성적 의미의 구분 문제이다. 합성적 의미를 규정하는 방식은 연구자에 따라 다르다. 2.1절에서는 합성적 의미를 규정하는 다양한 견해를 비교하여 합성어의 합성적 의미와 비합성적 의미를 구분해 볼 것이다.

두 번째는 합성어의 합성적 의미를 구성하는 의미 구성단위의 설정 문제이다. 합성어의 합성적 의미는 다시 어기 의미와 어기 의미가 아닌 제3의 의미로 구분된다. 명사 구성 합성어는 둘 이상의 명사 어기로 분석된다. 하지만 의미의 관점에서 보면 각각의 명사 어기가 가지고 있는 의미 외에, 제3의 의미가 발견된다. 합성어의 형태 구성단위와 의미 구성단위가 일치하지 않는 것이다. 본고에서는 이 제3의 의미를 '조어 의미'로 지칭하여 별도의 의미론적 지위를 부여할 것이다. 조어 의미를 합성적 의미의 구성단위로 설정하기 위해서는 어기 의미와 조어 의미의 경계 설정 문제, 조어 의미와 비합성적 의미의 경계 설정 문제도 함께 살펴야 한다. 이 문제들은 2.2절에서 다룬다.

2.1. 합성어의 합성적 의미와 비합성적 의미

합성어의 의미는 합성을 통해 형성된다. 하지만 합성어가 합성을 통해 형성된 의미만을 가지는 것은 아니다. 단일어가 의미 파생을 통해 확장된 의미를 획득하듯, 합성어 역시 의미 파생을 통해 확장된 의미를 얻게 된다. 다음의 예를 보자.

(1) 가. 그는 주걱으로 밥을 퍼 밥그릇에 보기 좋게 담았다.
나. 요즘같이 어려울 때는 다들 자기 밥그릇 챙기기 바쁘지.

(1가)와 (1나)에 사용된 '밥그릇'은 서로 다른 의미를 가진다. (1가)의 '밥그릇'은 〈밥을 담는 그릇〉을 의미한다. 이는 '밥'과 '그릇' 각각이 가진 의미에 두 의미 단위가 맺고 있는 관계가 더해진 합성적 의미이다. (1나)의 '밥그릇'은 〈생계를 위한 일자리〉를 의미하는데, 이 의미는 밥그릇이 생계에서 가지는 상징적 지위로부터 파생된, 즉 환유를 통해 생성된 것이다. (1나)에서는 '밥'과 '그릇' 각각이 가지고 있는 의미가 분석되지 않는다. 달리 표현하자면 '밥'과 '그릇'이 가진 의미의 결합으로는 분석되지 않는, 비합성적 의미이다.

합성적 의미와 비합성적 의미는 생성의 기제가 다르므로, 합성어의 의미에 대한 논의를 할 때에는 두 의미를 구분하는 것이 전제가 되어야 한다. 합성어의 합성적 의미는 의미 결합 원리를 모색하는 연구의 대상이, (1나)와 같은 비합성적 의미는 의미 파생 원리를 모색하는 연구의 대상이 되어야 한다. 즉, 합성어는 의미 결합을 통해 생성되는 의미와 의미 파생을 통해 생성되는 의미를 모두 가질 수 있으므로, 별개의 방식으로 생성된 의미를 동일한 원리나 규칙으로 설명하려 해서는 안 된다는 것이다.

(2) 합성어의 의미
가. 합성어의 합성적 의미(1): 합성을 통해 생성된 의미
나. 합성어의 비합성적 의미(1): 합성이 완료된 뒤 의미 파생을 통해 생성된 의미

(2)은 지금까지의 논의를 정리한 것이다. 그런데 (2)에는 '합성적 의미'를 '합성을 통해 생성된 의미'로 정의하는 방식은 순환적이어서, 합성적 의미가 무엇인지 구체적으로 명시해 주지 못한다. 이후에서는 합성적 의미와 비합성적 의미의 성립 조건을 살펴 각각의 정의를 보완한다.

2.1.1. 합성어의 합성적 의미

합성적 의미와 비합성적 의미의 가장 큰 차이는 '의미 구성의 분석 가능성'에 있다. 합성적 의미의 생성과 비합성적 의미의 생성 간에 일정한 기간이 존재하는 경우 이 차이가 보다 분명하게 드러난다. 다음의 예를 살펴보자.

(3) 그어긔 수졔 섯드러 잇고 香ᄂᆡ 섯버므러 잇고(거기에 수저가 섞여 떨어져 있고 향내가 섞여 엉켜 있고)《월석-중 23:74》

'수졔'는 〈숟가락〉을 뜻하는 '술'과 〈젓가락〉을 뜻하는 '져'가 결합된 합성어로 〈숟가락과 젓가락〉이라는 합성적 의미를 가진다. 현대국어에서는 '수저'의 형태로 변화하였는데, (4나)와 같이 다른 의미로도 사용된다.

(4) 가. 수저 한 벌
= 숟가락과 젓가락 한 벌
나. 밥 한 수저
≠ 밥 한 숟가락과 젓가락
= 밥 한 숟가락

(4가)에서는 '수저'가 중세 국어 '수졔'와 동일한 의미, 즉 〈숟가락과 젓가락〉을 뜻하나, (4나)에서는 〈숟가락〉만을 가리킨다. (4나)의 '수저'는 '숟가락과 젓가락'으로 대체할 수 없다. (4나)의 의미가 어기의 의미로 분석되지 않는 것이다. 또한, '술'과 '저'의 의미가 어떠한 방식으로 결합되어 〈숟가락〉의 의미만이 남는 것인지 설명할 수 없다.

'수저'가 〈숟가락〉이라는 의미를 가지게 된 경위는 통시적인 고찰을 통해 설명할 수 있다. '술'은 다음과 같이 일반 명사와 의존 명사의 쓰임을 두루 가지고 있었다.

(5) 가. 곧 能히 술 자ᄫᆞ며 져 논ᄂᆞ니=却能拈匙放筯ᄒᆞᄂᆞ니(곧 능히

숟가락을 잡으며 젓가락을 놓나니)〈금강반야바라밀경삼가해 4:55〉

나. 흔 술식 수릐 프러 흐르 세 번식 머그면(酒服方寸匕一三)(한 술씩 술에 풀어 하루 세 번씩 먹으면)〈분문온역이해방 9〉

(6) 가. (숟가락/*술)이 없는데 국을 어떻게 먹지?

나. 그녀는 오늘 식욕이 없어서 저녁을 몇 (숟가락/술) 뜨다가 말았다.

(5가)는 일반 명사로 사용된 예이고, (5나)는 의존 명사로 사용된 예이다. 그러나 (6)에서 확인할 수 있듯이 현대국어에서는 '술'은 의존 명사로만 사용된다. 중세 국어에서 '술'과 동일한 역할을 담당하는 현대국어의 단어는 합성어 '숟가락'이다. '숟가락'은 중세 국어 '술'과 동일하게 일반 명사(6가)와 의존 명사(6나)로서의 쓰임을 두루 가진다.

(7) 점심 국숫상이 나와서 여러 사람이 먹기 시작하는데도 유복이가 저를 들지 않아서 겸상한 오가가 물었다.≪홍명희, 임꺽정≫

현대국어에서 '저'는 중세 국어 '져'와 동일하게 일반 명사로서의 쓰임을 유지하고 있다. 다만 (7)에서처럼, 그 사용역이 일부 문학 작품으로 한정되며 고어적인 문체를 내기 위해 사용된다. 일상적으로는 사용되지 않는다는 것이다.[27]

---

27) 국립국어원에서는 한국어를 가르치고 배우는 데 필요하다고 판단되는 어휘 5만 개를 선정하여 〈한국어 기초사전〉을 출판하였는데, 이 사전에는 〈젓가락〉을 뜻하는 단어로

즉, 중세 국어에서 '술'과 '져'가 가지고 있던 일반 명사로서의 의미와 쓰임이 현대국어에서는 소멸되거나 제한되었다는 것이다. 『표준』에서는 '수저'를 합성어가 아닌 단일어로 처리하고 있는데, 어기의 의미 약화 현상을 반영한 결과라 할 수 있다. 현대 국어 '수저'는 중세 국어 시기에 형성된 합성적 의미와 이후 의미 변화를 통해 생성된 변이 의미, 즉 비합성적 의미를 모두 가지고 있는 단어이다. 『표준』에는 이 내용을 다음과 같이 정리하여 기술하고 있다.

(8) 수저 『표준』

가. 〈숟가락과 젓가락을 아울러 이르는 말〉

¶ 수저 두 벌과 밥그릇, 그리고 우리 부부의 사랑만 있으면 되지, 뭐 다른 것이 또 필요하겠니?

나. 〈'숟가락'을 달리 이르는 말〉

¶밥을 한 수저 뜨다.

현대 국어에서는 '숟가락'에 대응되는 개념으로 '수저'를 사용할 때, 일상적으로 도구를 사용하는 사람에 대한 높임의 의미를 함께 전달한다. 동의어인 '수저'와 '숟가락'을 변별적으로 사용하고 있는 것이다. '수저'에 더해진 높임의 의미 역시 해당 단어의 사용 맥락에서 부여된 파생적 의미, 즉 비합성적 의미에 해당된다.[28]

'젓가락'만 등재되어 있다. 현대국어에서 '저'의 일상적인 쓰임이 확인되지 않아 표제어로 선정되지 못한 것으로 보인다.

28) 『고려대』에서는 (16나)의 '수저'를 별도의 사용역 정보, 즉 실현 환경의 제약 정보를 부여하여 〈'숟가락'을 높여 이르는 말〉로 풀이하였다.

앞서 언급했듯이, 현대 국어에서는 '수저'를 단일어로 처리한다. 공시적인 형태 분석이 불가능하다고 보는 것이다. (8나)의 의미로 사용될 때뿐만 아니라 (8가)의 의미로 사용될 때에도 마찬가지이다. 합성적 의미와 비합성적 의미는 합성어의 의미를 구분한 용어이므로, 현대 국어에서 단일어로 분류되는 '수저'가 가지는 두 의미를 합성적 의미와 비합성적 의미로 구분하는 것은 논리적으로 성립되지 않는다. 그럼에도 불구하고 '수저'의 예를 제시한 것은 합성적 의미와 비합성적 의미가 시간의 간격을 두고 순차적으로 형성되는 과정을 잘 보여주는 단어이기 때문이다.

(9) 합성어의 합성적 의미(2): 합성을 통해 생성된 의미
  - 분석이 가능한 의미

합성적 의미, 의미의 '합성성'에 대한 정의는 연구자에 따라 다르다. 황화상(2001)에서는 합성성의 개념이 매우 좁게 정의된다. 황화상(2001)에서는 어기가 가진 의미 그 이상의 의미를 모두 합성성을 벗어난 의미로 본다. 황화상(2001)의 분석 시점은 합성어의 표현 대상 즉 개념이 형태화되는 방향을 향하고 있다. 이 논의는 표현 대상을 이루고 있는 개념이 합성어의 형태로 충분히 반영되지 않아 합성성의 문제가 심각하게 제기된다는 문제의식을 바탕으로 한다. 예를 들어 이 논의에서는 〈산에 사는 사람〉을 하나의 단어로 표현하기 위해 만들어진 단어 '산사람'에는 〈살다〉에 해당하는 형태가 반영되지 않았다는 점에 주목한다. 다음은 〈살다〉의 형태가 반영되지 않는 이유를 원리화한 것이다.

(10) 의미와 형태의 대응 관계(황화상 2001: 151)
단어 의미에 포함된 속성은 단어 형태에 반영된다. 단, 추론 가능한 의미는 형태적으로 반영되지 않을 수 있다.

〈살다〉는 '산'과 '사람'으로부터 추론 가능하기 때문에 형태에 반영되지 않는다는 설명이다. 이 설명에서 본고가 주목하는 것은 〈살다〉를 합성성을 지키지 않은 의미로 보고 있다는 점이다.

정한데로(2014가)에서는 합성성을 함수화의 가능성으로 대치하고, 이를 통해 합성어의 의미를 합성성을 가진 의미와 합성성을 가지지 않은 의미로 나누었다. 이는 합성어에서 발견되는 어기 이상의 의미 역시, 합성성의 원리 내에서 설명할 수 있는 것과 그렇지 않은 것으로 나뉜다는 것을 함의한다. α는 합성성의 원리 내에서 설명 가능한 추가 의미를 가리키는 용어이다. 또한 이 논의에서는 '합성성'이라는 개념만으로 합성어의 유형을 나누기에 불충분하다는 점을 지적하고, '정합성'이라는 개념을 추가하였다. 정합성과 합성성의 관계는 다음과 같다.

(11) [합성성]과 [정합성]의 관계(정한데로 2014가: 76)

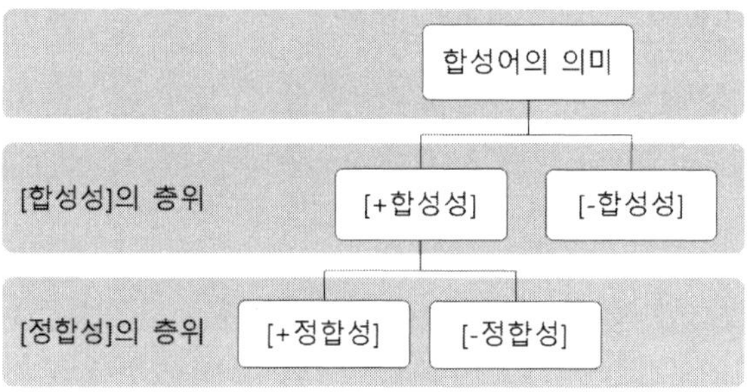

이 논의의 핵심은 합성성을 '함수화의 가능성'으로 치환하는 데 있다. 합성어가 가진 의미가 도출되는 과정을 함수로 변환할 수 있다면 [+합성성]을 가진 것이고, 그렇지 않다면 [-합성성]을 가진 것이라고 보는 방식이다. 함수란 변수에 따라 종속된 답을 찾을 수 있게 해 주는 규칙을 말한다. 이를 합성어에 적용하면, 변수의 자리에는 어기의 의미가, 답의 자리에는 합성어의 의미가 놓이게 된다. 즉 어떤 합성어가 어기의 의미를 변수로 하여, 일정한 규칙으로부터 도출된 의미를 가진다면 [+합성성]을 가졌다고 보는 것이다.

정합성은 합성성의 하위 개념이다. [+정합성]은 어기가 가진 의미의 합과 동일한 의미를 가지는 합성어가 가지고 있는 속성이고, [-정합성]은 어기의 의미 외에 추가적인 의미를 가지는 합성어가 가지고 있는 속성이다. [+합성성]을 [+정합성]과 [-정합성]으로 나눈 방식은 기존의 논의들이 '합성성'이라는 용어로 지시되던 넓은 개념을 유형화하는 데 매우 유용하다. 정한데로(2014가)의 개념을 이용하면 황화상(2001)에서 사용된 '합성성'은 [+정합성]에 대응된다.

정한데로(2014가)에서 사용된 '합성성'은 무척 넓은 범주를 포괄하는 개념이다. 정한데로(2014가)에서는 조어 함수를 거쳐 생성될 수 있는 의미를 합성적 의미로 보고 있으며, 함수의 상수로 볼 수 있는 어기 이상의 추론 의미를 'α'로 지칭하였다. 'α'를 함수의 상수로 본다는 것은 해당 의미까지가 합성성을 지킨 의미이며, 'α'가 합성성 판단의 주요 근거라는 뜻이 된다. 정한데로(2014가)에서는 'α'를 다음과 같이 유형화하고 있는데, 이를 통해 이 논의에서 합성성을 어떻게 범주화하고 있는지 파악할 수 있다.

(12) 생성 방식에 따른 α의 유형 분류(정한데로 2014가: 142-145)

가. 의미 추가 α

구두닦이: 구두 닦는 일을 직업적으로 하는 사람

나. 의미 선택 α

떨이: 팔다가 조금 남은 것을 다 떨어서 싸게 파는 물건

다. 의미 비유 α

총알택시: 과속으로 달리는 택시

'의미 추가 α'란 말 그대로 구성 성분의 의미 이외에 추가된 의미 성분을 말한다. '구두닦이'는 〈직업적으로 구두를 닦는 사람〉을 뜻하는데, 이때 〈직업적으로〉가 바로 의미 추가 α에 해당된다는 설명이다. '의미 선택 α'의 예로는 '떨이'를 제시하였다. '떨다'는 다의어인데, 합성의 과정에서 여러 다의 중 〈팔다 남은 것을 모두 팔아 버리거나 사다〉가 선택되어 '떨이'가 생성되었다고 설명한 뒤, 이때 다의 중 특정 의미 하나를 선택하는 것 자체를 α라고 본 것이다. '의미 비유 α'의 예로는 '총알택시'가 제시되었다. '총알택시'는 '과속으로 달리는(빠른)'의 의미가 '총알'로 비유되어 복합어를 형성한 결과라고 설명하였는데, 이때 '과속으로 달리는(빠른)'을 α로 본 것이다. 이 중 의미 비유 α에 제시된 예는 모두 구성 성분의 의미적 관련성을 설명할 수 있는, 즉 구성 성분의 상호 작용을 통해 도출될 수 있는 의미들이다.

하지만 의미 선택 α와 의미 추가 α는 좀더 고민이 필요하다. 먼저 의미 선택 α의 경우 단의 선택의 문제를 α로 볼 수 있을지 의문스럽다. 하나의 형태가 사용되는 맥락은 무한하다. 이 중 의미적 연관성이 있다고 판단되는 것들을 모은 뒤, 이들이 실현되는 맥락을 자세히 살

펴, 조건화하여 기술할 수 있는 단위로 다시 나눈 것이 어휘의 단의가 된다. 이때 맥락을 몇 개의 유형으로 조건화할 수 있는가에 따라 해당 어휘는 단의어가 될 수도 있고, 다의어가 될 수도 있다. 예를 들어 다섯 개의 단의를 갖는 다의어 N을 가정해 보자. N이 조어의 구성 성분으로 참여할 때, 당연히 다섯 개의 단의 중 하나가 '실현'될 것인데, 이를 어기의 의미가 아닌, 그 이상의 추론 의미로 보는 것이 타당한가 하는 것이다.

의미 선택 α가 어기의 의미이든, 어기 의미 그 이상의 추론 의미이든 해당 의미가 합성적 의미의 범주를 벗어나지 않는 것은 확실하다. 하지만 의미 추가 α의 예로 제시된 '구두닦이'에 포함된 의미 〈직업적으로〉는 합성적 의미의 범주를 벗어난 것으로 보인다. '구두닦이'를 합성어로 볼 경우, 즉 '구두닦이'의 직접 구성 성분을 '구두'와 '닦이'가 되며, 〈직업적으로〉는 추가 의미가 아니라 구성 성분 '닦이'의 의미로 볼 수 있다.

(13) 닦이: 〈물건을 닦는 일. 또는 그 사람〉

¶이런 일은 전문적인 닦이를 불러다 하는 것이 더 좋겠다.

'닦-'과 '-이'가 결합된 파생어 '닦이'는 『표준』에 위와 같은 풀이로 등재되어 있다. 물건을 닦는 일은 누구나 할 수 있다. 그럼에도 '닦이'라는 별도의 단어를 사용하는 이유는, '닦이'가 지시하는 대상이 닦는 일을 직업적으로 하기 때문이다. 즉 '닦이'는 〈닦는 일〉이라는 합성적 의미 외에 〈(닦는 일)을 하는 사람〉과 〈직업적으로(또는 전문적으로)〉라는 비합성적 의미를 추가적으로 가지게 된다. 그러므로 '구두닦이'

를 합성어로 볼 경우 '구두닦이'에서 확인되는 〈전문적으로〉는 합성의 과정에서 추가된 의미가 아니라 구성 성분 '닦이'가 가지고 있는 의미에 해당된다.

정한데로(2014가)에서는 〈직업적으로(또는 전문적으로)〉를 조어 과정에서 추가된 의미로 보았으므로, '구두닦이'를 '구두닦-'과 '-이'가 결합된 파생어 본 셈이 된다. 〈직업적으로〉는 '구두닦-'과 '-이'에 속한 의미 성분이 아닌 것은 확실하다. 하지만 해당 의미를 구성 성분의 상호 작용을 통해 추론할 수 있는 의미라고 보는 것에는 동의하기 어렵다. '구두닦-'과 '-이'의 결합을 통해 생성될 수 있는 의미는 〈구두를 닦는 일〉로 한정된다. 〈그런 일을 하는 사람〉, 〈직업적으로〉와 같이 의미 영역이 축소되는 현상은 합성이 완료된 뒤 이루어진다.

합성이 완료된 뒤 합성어가 맥락으로부터 새롭게 얻게 된 의미까지 합성성을 가진 것으로 인정하면, 합성어가 가진 의미 모두를 합성성을 가진 것으로 볼 수 있게 된다. 정한데로(2014나: 275 각주15)에서는 '맥락 정보가 매우 역동적으로 포착된다는 점에 주목하여 추론 이상의 열린 상태로 보고자 한다'는 기술이 발견된다. 실제로 α의 추론 근거를 한정하지 않고 있는 것이다. 파생어 '구두닦이'에 포함된 〈직업적으로〉를 α로 볼 경우 합성성의 개념을 성립하게 하는 기준 자체가 모호해진다.

이에 앞서 합성어의 추가 의미가 함수의 상수에 대응된다는 전제부터 동의하기 어렵다. 상수란 관계에 따라 변하지 않는 일정한 값을 말한다. 하지만 합성어의 경우 어기의 속성에 따라 추론될 수 있는 의미가 달라진다(국그릇: 국을 담는 그릇, 돌그릇: 돌로 만든 그릇). 변수에 따라 상수가 달라진다는 뜻이다. 정한데로(2014가)에서는 이를 해결하기 위해 '국그릇'과 '돌그릇'을 서로 다른 함수에 의해 형성된 합성어로 분석한다. 상수가 다른 별개의 함수로 본다는 것이다. 하지만 그렇게 되면 모든 함수마다 변수로 취할 수 있는 어기의 조건이 명세되어야 한다는 부담이 생기게 된다. 게다가 동일한 의미 속성을 가진 어기로 구성된 합성어가 전혀 다른 추론 의미를 포함할 수도 있어(옥수수빵: 옥수수를 넣어 만든 빵, 바나나빵: 바나나 모양의 빵), 어기 조건 명세화에 대한 부담은 더욱 커지게 된다. 즉, 합성어의 의미를 함숫값으로 이해하기 위해서는 필수적으로 변수의 의미 조건이 명세화되어야 하는데, 이때 명세화의 정도는 개별 어휘의 의미를 기술하는 수준에 이르게 된다는 것이다. 변수 조건의 명세화가 개별 어휘를 나열하는 수준에 이르게 될 경우, 제3의 의미를 갖는 합성어들을 상수 함수(x=4, y=2)의 결괏값으로 해석하는 일을 막을 수 없다. 특히 추론의 범주를 합성어의 맥락으로까지 확장할 경우 문제는 보다 명확해진다.

나은미(2007)은 황황상(2001)과 정한데로(2014가)의 중간 지점을 차지하고 있다. 나은미(2007)에서는 합성어의 유형을 분류할 때 구성 성분의 통어적 관계와 의미 관계를 별개 층위의 기준으로 적용하였다. 합성어는 의미 관계를 기준으로 '융합 관계'와 '결합 관계'로 나뉜다. 각각에 대한 정의는 다음과 같다.

(14) 합성어의 의미 관계에 따른 분류(나은미 2007: 29)
가. 융합 관계: 구성 요소의 의미가 완전히 녹아들어 각각의 의미 요소를 추론하기 어려운 관계(예: 피땀〈노력〉, 국물〈이익〉)
나. 결합 관계: 구성 요소의 의미가 두 의미 요소의 상호 작용에

서 도출된 언어 요소에 의해 결합된 관계(예: 봄비〈봄에 내리는 비〉)

나은미(2007)에서는 의미 구조를 설명하는 방식으로 융합 관계와 결합 관계를 정의하였다. 융합 관계는 의미의 분석이 불가능한 합성어라는 점을 지적하고 있는데, 이를 결합 관계에 역으로 적용하면 결합 관계는 의미의 분석이 가능한 합성어로 구분된다. 결합 관계의 정의에는 결합 관계 합성어의 의미 구성단위가 분석되어 있다. 하나는 '두 구성 요소의 의미'이고, 다른 하나는 '두 의미 요소의 상호 작용에서 도출된 언어 요소'이다. 여기서 중요한 부분은 '언어 요소'의 도출 근거를 '두 의미 요소의 상호 작용'으로 제한하였다는 것이다. 정한데로(2014가)에서 추론의 근거를 맥락으로까지 확장한 것과 비교된다. 지금까지의 논의는 다음과 같이 정리할 수 있다.

〈표 2〉 '합성성'의 범위

<table>
<tr><th rowspan="2"></th><th rowspan="2">어기 의미의 합</th><th colspan="2">어기 의미의 합 이상의 추론 의미</th></tr>
<tr><th>추론 층위: 어기</th><th>추론 층위: 합성어</th></tr>
<tr><td>황화상(2001)</td><td>[+합성성]</td><td colspan="2">[-합성성]</td></tr>
<tr><td>나은미(2007)</td><td colspan="2">[+합성성]</td><td>[-합성성]</td></tr>
<tr><td rowspan="2">정한데로(2014가)</td><td colspan="3">[+합성성]</td></tr>
<tr><td>[+정합성]</td><td colspan="2">[-정합성]</td></tr>
</table>

이 책에서 합성어의 합성적 의미와 비합성적 의미를 구분하는 방식

은 나은미(2007)과 일치한다. 앞서 여러 번 지적하였듯이, 합성어는 구성 성분의 의미 외에 제3의 의미를 더 가질 수 있는데 제3의 의미는 합성의 과정에서 추가될 수도 있고 합성이 완료된 뒤 추가될 수도 있다. 전자는 합성을 기제로 생성된 의미이나, 후자는 의미 파생을 기제로 생성된 것으로 합성과는 무관하다고 할 수 있다. 나은미(2007)에서 구성 성분의 상호 작용을 통해 도출된 언어 요소로 기술된 부분이 합성을 기제로 생성된 의미에 해당된다. 나은미(2007)에서 지적하였듯이 구성 성분의 상호 작용을 통해 도출된 언어 요소는 두 구성 성분의 의미를 결합하는 기능을 한다. 그러나 합성어와 맥락의 상호 작용을 통해 도출된 의미는 구성 성분의 의미 결합과는 무관하다. 이상의 논의를 반영하여 합성적 의미의 정의를 보완하면 다음과 같다.

(15) 합성어의 합성적 의미(3): 합성을 통해 생성된 의미
- 분석이 가능한 의미
- 어기의 의미와, 어기로부터 도출된 추가 의미의 결합으로 구성된 의미

2.1.2. 합성어의 비합성적 의미

이제 합성어의 비합성적 의미에 대해 살펴보자. 앞서 합성어의 합성적 의미가 '분석이 가능'하고, '어기의 의미와, 어기로부터 도출된 추가 의미의 결합으로 구성'되어야 한다는 점을 확인하였다. 이 두 가지 요건은 연접 관계(conjunction)를[29] 맺고 있다. 합성적 의미는 두 가지 요건을 동시에 모두 만족하는 의미를 가리킨다.

이와 반대로 비합성적 의미는 '분석이 불가능'하거나 '구성 성분의 의미로도, 두 구성 성분으로부터 추론된 추가 의미로도 볼 수 없는' 의미를 말한다. 후자는 '합성어의 맥락적 변이 의미'로 바꾸어 기술할 수 있다. 단어는 사용 맥락에서 의미 변화를 겪게 된다. 기존의 의미로부터 일정한 추론 과정을 거쳐 의미가 파생되기도 하고, 특정한 사용역 정보 등이 부여되기도 한다. 이러한 의미 변화가 어기 층위에서 일어나는 것이라면 합성적 의미에 속하게 된다. 하지만 어기 그 이상의 층위, 즉 합성어를 단위로 일어나는 것이라면 이는 합성이 완료된 뒤 생성된 의미 즉 비합성적 의미로 구분된다.

(16) 합성어의 비합성적 의미(2):
- 의미 분석이 불가능한 의미
- 합성어의 맥락적 변이 의미

비합성적 의미의 두 성립 조건은 이접 관계(disjunction)를 맺고 있어 합성적 의미의 성립 조건과 차이를 보인다. '분석이 불가능한 의미는 합성어의 맥락 변이 의미이다'라는 기술은 성립하지만 그 역 '합성어의 맥락 변이 의미는 분석이 불가능하다'라는 기술은 성립되지 않는다. 이는 합성어의 맥락적 변이 의미에 파생된 의미뿐만 아니라 부여된 사용역 정보가 포함되어 있기 때문이다. 부여된 사용역 정보는 합성어의 합성적 의미로부터 분석이 가능하다. 이를 정리하면 합성어의

29) 연접(conjunction)과 이접(disjunction)은 논리학의 용어이다. A와 B 두 항이 연접으로 접속되면 그 전체 명제의 진리치는 A와 B가 모두 참일 때에만 참이 되지만, 이접으로 접속되면 A와 B 둘 중에 하나만 참이더라도 전체 명제가 참이 된다(최윤지 2011: 147).

비합성적 의미를 다음과 같이 유형화할 수 있다.

(17) 비합성적 의미의 유형

가. 의미 분석이 불가능한, 합성어의 파생 의미

나. 의미 분석이 가능한, 합성어의 맥락 제약 정보

먼저 (17가) 의미 분석이 불가능한, 합성어의 파생 의미의 예부터 살펴보자. 합성어 단위의 비유 의미들이 대표적인 예가 될 수 있다. 다음을 살펴보자.

(18) 가. 까치집(1): 〈까치의 둥지〉

¶ 요즘 까치집 때문에 누전 사고가 자주 일어난다.

나. 까치집(2): 〈헝클어진 머리 모양을 비유적으로 이르는 말〉

¶ 머리에 까치집을 짓다.

'까치집'은 두 가지 의미를 가지는데, (18가)는 합성적 의미에, (18나)는 비합성적 의미에 속한다. (18가)의 '까치집'은 '까치'의 의미와 '집'의 의미가 종속 관계로 결합된 결과를 의미로 가진다.

이와 달리 (18나)에서는 어기인 '까치'와 '집'의 의미를 분석해 낼 수 없다. 합성어 '까치집'을 단위로 전이된 비유 의미이기 때문이다. '까치집'에 〈헝클어진 머리 모양〉이라는 의미가 대응될 수 있는 것은, 까치의 둥지 모양과 마구 헝클어진 머리의 모양 사이에서 형상적 유사성을 포착하고 이를 매개하여 은유가 성립되었기 때문이다. 해당 은유 의미의 근원 영역은 까치나 집이 아니라 까치집이다.

(19) 가. 좌우(01-1): 〈왼쪽과 오른쪽을 아울러 이르는 말〉
¶파도에 여객선이 좌우로 흔들린다.
나. 좌우(01-2): 〈옆이나 곁 또는 주변〉
¶두리번두리번 좌우를 살펴보다.
다. 좌우(01-3): 〈주위에 거느리고 있는 사람〉
¶좌우를 물리치다.

환유에 의해서도 비합성적 의미가 형성될 수 있다. '좌우'는 세 가지 의미를 가진다. (19가)는 '좌'의 의미와 '우'의 의미가 대등 관계로 결합되어 형성된 합성적 의미이고, (19나)와 (19다)는 환유에 의해 생성된 비합성 의미이다. (19나)는 화자 주변의 공간 중 일부를 지시하던 '좌우'가 화자 주변 전체를 지시할 수 있도록 확장된 것이다. (19다)는 (19나)의 의미가 그 공간에 있는 사람을 가리키는 것으로 다시 한 번 더 환유된 결과이다. '좌'나 '우'는 독립적으로 쓰여 공간 전체를 의미하거나, 좌나 우로 지칭되는 공간에 있는 사람을 가리킬 때에 쓰이지 않는다. 환유가 일어난 층위가 합성어라는 뜻이다. 앞서 살펴본 '밥그릇'의 〈일자리〉도 환유에 의해 생성된 비합성적 의미에 해당된다.

여기서 다시 한 번 강조할 것은 의미 파생의 층위에 따라 합성적 의미와 비합성적 의미가 구분된다는 점이다. 어기의 층위에서 생성된 파생 의미는 합성적 의미의 구성 요소가 된다. 하나의 어휘소가 둘 이상의 단의를 가지고 있을 때, 우리는 이런 단어를 다의어라고 한다. 이때 단의들이 하나의 어휘소로 묶일 수 있는 것은 단의 간에서 관찰되는 범주적 연관성 때문이다. 남경완(2005)에서는 이와 같은 의미의 범주적 연관성을 '다의의 파생 관계'로 부르고, 이를 결합 관계나 계열 관계와 구별되는 어휘소 내부의 의미 관계로 보았다. 다의의 파생 관계는 일정한 방향성을 가지는데, 방향성을 설명하기 쉽도록 기본 의미를 설정하고 나머지를 파생 의미로 부르게 된다.[30] 다음의 예를 보자.

(20) 가. 집(01-1): 〈사람이 들어서 살거나 활동할 수 있도록 지은 건축물〉

¶ 준영이가 사는 집은 아파트다.

나. 집(01-2): 〈가족이 이루는 공동체〉[31]

¶ 그 집은 자손이 귀하다.

(21) 가. 안(01-1): 〈어떤 물체나 공간의 둘러싸인 가에서 가운데로 향한 쪽. 또는 그런 곳이나 부분〉

¶ 극장 안에 들어가다.

나. 안(01-6): 〈조직이나 나라 따위를 벗어나지 않은 영역〉

¶ 회사에서 일어난 일은 회사 안에서 처리하시오.

'집'과 '안'은 모두 다의어이다. 일반적으로 의미 파생은 [구체성]에

---

30) 기본 의미를, 여러 단의 중 하나를 선택하는 방식으로 설정하지 않고, 모든 의미를 아우를 수 있는 공통 의미로 설정하여야 한다고 보는 견해도 있다. Joos(1958)에서는 어소(語素)마다 하나의 의소(義素)가 대응된다고 주장하였는데, 이때 의소는 하나의 어소를 통해 실현되는 다양한 의미들에서 공통점을 모아 정리한 의미를 말한다. 이 관점에서는 의소 설정 과정에서 의미의 추상화를 전제하게 된다. 김민수(1981: 28)에서는 이와 같은 견해를 '기본 의미설(基本意味設)'이라고 명명하였다.

31) 『표준』과 『고려대』 모두 두 의미를 별개의 단의로 설정하고 있으나, 『표준』보다는 『고려대』가 두 단의를 보다 분명하게 변별되도록 기술하고 있어 『고려대』의 기술 내용을 옮겼다.

서 [추상성]의 방향으로 진행된다. (20가)와 (21가)는 [구체성]을 가지는 기본 의미이고, (20나)와 (21나)는 [추상성]을 가지는 파생 의미이다. '집'이나 '안'의 경우 기본 의미에서 파생 의미로의 의미 파생 관계를 직접적으로 연결할 수 있다.

(22) 가. 집안(01-2): 〈집의 안〉
¶ 그는 집안을 정리하다가 낡은 사진 한 장을 발견하였다.
나. 집안(01-1): 〈가족이나 일가친척을 구성원으로 하는 공동체〉
¶ 그는 귀족 집안의 딸을 만나 인연을 맺었다.[32)]

'집'과 '안'은 결합하여 합성어 '집안'을 이룬다. '집안' 역시 다의어이며 (22가)는 [구체성]을, (22나)는 [추상성]을 가지고 있다. 두 의미의 관계는 어기의 기본 의미와 파생 의미가 맺고 있는 관계와 유사해 보이나, 여기에는 큰 차이가 있다. (22나)의 의미는 (22가)로부터 파생된 것이 아니라, (20나)와 (21나)가 결합된 의미이기 때문이다. 즉 '집안'의 합성이 완료된 뒤 의미 파생을 거쳐 생성된 의미가 아니라 '집'의 파생 의미와 '안'의 파생 의미가 더해진 합성적 의미인 것이다.[33)]

---

32) 『고려대』의 경우 말뭉치 출현 빈도를 기준으로 단의를 배열하였다. '집안'의 경우 (19나)의 의미가 빈도상의 우위로 인해 앞쪽에 배열되어 있으나, 본고에서는 논의상 편의를 위해 다의 파생 관계가 드러나도록 의미 배열 순서를 바꾸었다.

33) 두 의미가 직접적인 의미 파생 관계를 맺지 않는다고 해도, 두 의미가 다의 관계를 맺고 있다는 사실은 변하지 않는다. 두 의미의 의미적 연관성은 훼손되지 않기 때문이다.

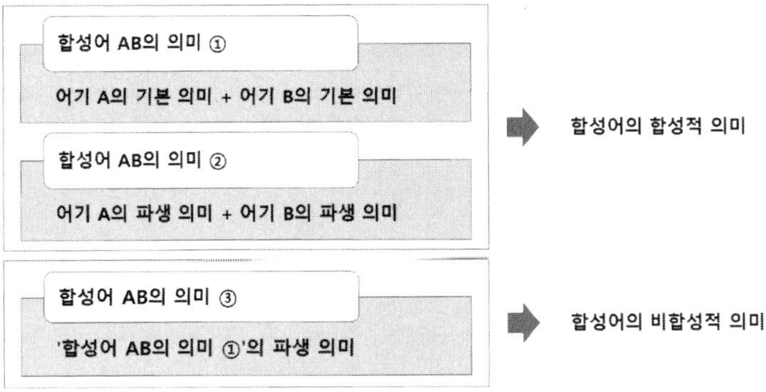

〈그림 3〉 합성어와 의미 파생

〈그림 3〉은 합성어와 관계된 의미 파생 현상을 단순화한 것이다. 단일어의 의미는 기본 의미와 파생 의미로 양분된다. 합성어의 의미 역시 기본 의미와 파생 의미로 양분될 수 있으나, 합성어의 파생 의미 전체가 합성어의 층위에서 생성된 것은 아니라는 점에 주의해야 한다. 어기의 파생 의미가 결합된 결과일 수도 있기 때문이다. 합성어의 파생 의미는 합성적인 의미일 수도, 비합성적 의미일 수도 있다.[34]

지금까지 비합성적 의미의 첫 번째 유형 '의미 분석이 불가능한, 합성어의 파생 의미'에 대해 살펴보았다. 이제 비합성적 의미의 두 번째 유형 '의미 분석이 가능한, 합성어의 맥락 제약 정보'에 대해 살펴보자. 맥락은 문맥과 화맥으로 구분할 수 있는데 다음은 화맥 제약 정보에 해당되는 비합성적 의미의 예이다.

---

34) 은유나 환유를 통한 의미 파생에서도 동일한 현상이 발견된다. 예를 들어 '꽃구름'은 〈아름다운 구름〉을 뜻하는데, 이때 〈아름답다〉는 '꽃구름' 전체가 가지는 비유 의미가 아니라 '꽃'의 비유 의미이다. 즉 어기 층위에서 파생된 비유 의미이며, 그 결합 결과는 합성적 의미에 속한다. 이에 대한 보다 구체적인 논의는 5.2절 참조.

(23) 청사진

건축이나 기계 따위의 도면(圖面)을 복사하는 데 쓰는 사진. 푸른 바탕의 종이 위에 원도면(原圖面)이 흰 줄로 나타난다. 화학 약품을 바른 종이 위에 얇은 종이에 그린 도면을 덮고 빛을 쬐어 현상하여 만든다.

(23)은 『표준』에서 옮겨온 '청사진'의 기본 의미이다. '청사진'은 푸른색 사진을 총칭하는 데 쓰이는 단어가 아니다. 우리의 어휘부에는 〈푸른색 사진〉이 독립된 단위의 개념으로 저장되어 있지 않다. (23)에서 확인할 수 있듯 우리는 푸른색 사진 중에서도 건축이나 기계의 설계도면으로 쓰이는 것을 가리키는 데 이 단어를 한정적으로 사용한다. 이 단어는 사용역의 제약을 가지고 있다. 달리 말해 단어에 특수하고 전문적인 상황 정보가 고정되어 있다는 것이다.

이 제약은 어기인 '청'이나 '사진'에서는 발견되지 않는다. 해당 정보가 유의미한 고정 정보로 가치를 가지는 단위는 합성어 '청사진'이다.[35] (23)의 의미가 생성되는 과정은 의미 파생과는 다르다. 본고에서는 이와 같은 맥락 정보의 제약 현상을 '사용역의 고정'으로 부르고자 한다. 의미 파생이 기본 의미로부터의 추론 과정을 통해 의미를 생성하는 방식이라면 사용역의 고정은 해당 어휘가 사용되는 화맥적 변인이 단어의 의미 정보로 포함되는 방식을 말한다.

35) '청사진'은 〈미래에 대한 희망적인 계획이나 구상〉의 의미로도 높은 빈도로 사용된다. '청'이나 '사진'은 〈미래〉나 〈계획〉, 〈구상〉과 같은 은유적 의미를 가지지 않는다. 해당 의미는 건물이나 기계의 설계도면과 미래에 대한 계획이나 구상 사이에서 유사성을 발견하여 성립된 은유 의미로, '청사진'의 비합성적 의미에 속한다.

사용역의 고정이라는 개념을 도입하기 위해서는 사용역, 즉 화맥의 변이 요소를 체계화해야 할 필요가 있다. 하지만 하나의 단어가 접하게 되는 모든 화맥적 변이 요소를 체계화하는 것은 본고의 목표와 무관하기 때문에, 본고의 관심은 합성어의 어휘적 의미로 기술될 수 있는, 즉 어휘의 의미로 인정될 수 있을 만큼의 보편성을 획득한 화맥적 변이 요소에 집중된다.

화맥적 변이 요소의 분류 방식은 도재학(2016)을 주목할 만하다. 도재학(2016)에서는 화맥적 변이 요소를 '참여자 내적 정보'와 '참여자 외적 정보'로 나눈다. 전자는 화자와 청자의 태도에 관한 정보를 말하고, 후자는 발화의 장면이나 사회 문화적 배경 지식에 해당되는 정보를 말한다. '청사진'은 참여자 외적 정보가 고정되어 단어의 의미를 구성한 예에 속한다. 참여자 내적 정보가 포함된 비합성적 의미는 '우리나라'의 예를 통해 확인할 수 있다

(24) 우리나라: 〈우리 한민족이 세운 나라를 스스로 이르는 말〉
¶ 우리나라 고유의 악기인 가야금.

'우리'와 '나라'가 가진 의미 정보만으로 구성할 수 있는 합성적 의미는 〈일정 집단에 속한 사람들의 나라〉이다. 하지만 (24)의 '우리나라'는 〈한국〉을 의미한다.[36] 이 의미는 '우리'로 지칭되는 집단이 '한국인'일 것을 전제하여야 성립된다. '우리나라'에 특정한 참여자 내적 정보

36) 『표준』에는 〈한국〉의 의미로만 기술되어 있다. 〈한국〉을 의미하는 '우리나라'만을 합성어로 인정한 것이다. 이를 반영하면 〈화자가 속한 나라〉는 '우리 나라'로, 〈한국〉은 '우리 나라'로 띄어쓰기를 달리하여 표기해야 한다.

가 고정된 것이다. 이 화맥적 정보는 '우리'나 '나라'에서는 확인되지 않고 합성어 '우리나라'에서만 확인된다.[37] '우리글, 우리말'의 의미 역시 동일하다.

'청사진'의 의미는 참여자 외적 정보인 〈건축이나 기계의 설계에서 사용하는〉가 합성적 의미 〈푸른색 사진〉에 더해진 결과이고, '우리나라'의 의미는 합성적 의미 〈우리의 나라〉에 '우리'로 지칭되는 대상이 한국인이라는 참여자 내적 정보가 더해진 결과이다. 의미 파생을 통해 생성되는 비합성적 의미와 달리 각각의 정보는 합성어의 의미로부터 분석이 가능하다. 하지만 각 정보가 더해진 지점이 합성어의 층위, 즉 합성이 완료된 후이므로 비합성적 의미에 속한다.

마지막으로 문맥 제약 정보에 해당되는 비합성적 의미의 예를 살펴보자.

(25) 방울(01-1): 〈작고 둥글게 맺힌 액체 덩어리〉

¶그 여자는 병을 거꾸로 기울여 마지막 방울까지 따라 마셨다.

(26) 방울방울

가. 〈한 방울 한 방울〉

¶이슬의 방울방울마다 햇빛이 비추었다. / 풀잎에 이슬이 방울방울로 맺혔다.

나. 〈액체 따위가 둥글게 맺히거나 떨어지는 모양〉

¶나의 목소리를 듣고 형기는 자리에서 일어나며 눈물을 방

---

37) '우리'는 화자가 표현 대상을 친밀한 관계로 느낄 때 사용된다. 태도 정보 역시 포함한 어휘인 것이다. 이는 '우리나라'에도 그대로 반영된다.

울방울 흘렸다.

'방울방울'은 명사로서의 쓰임뿐만 아니라 부사로서의 쓰임도 갖는다. 이처럼 둘 이상의 품사로 쓰일 수 있는 단어를 다품사어라고 하고, 이 현상을 품사 통용, 품사 전성, 영 파생(zero derivation)으로 부른다. 품사 전성과 영 파생은 방향성을 전제한 용어이나, 품사 통용은 그렇지 않다.[38] 이선웅(2012: 201)에서는 '언어 사용의 자연스러운 인식론이 '특정 방향성'을 지지해 주기 때문'에, 적어도 기술 문법에서는 품사 통용의 개념이 유지되기 어렵다고 보았는데 본고도 이 주장에 동의한다.

다품사어를 품사 전성으로 설명하는 견해와 영 파생으로 설명하는 견해의 가장 큰 차이는 영접사(zero affix)의 설정 여부이다. 영 파생을 주장하는 논의들에서는 품사 변화의 기능을 가지는 영접사가 결합되었다고 본다. '방울방울'을 예로 들자면, 명사 '방울방울'에 영접사가 결합되어 파생 부사 '방울방울'이 생성되었다고 보는 방식이다. 문제는 품사 전성이 명사로부터 부사로의 변화에 한정되지 않는다는 것이다. 즉 영 파생을 주장하기 위해서는 황화상(2013: 108)에서 지적하였듯이 다양한 품사의 단어를 파생하는 여러 개의 영접사를 설정해야 하는 적지 않은 문법적 부담이 발생된다. 김정은(1995), 전상범(1995), 구본관(1998), 박동근(2006) 등에서는 이를 포함한 다음의 논거들을 제시하여 영 파생을 반박하였다.

38) 현재 학교 문법에서는 해당 현상을 품사 통용으로 부르고 있다. 품사 통용은 홍기문(1947)에서 제기된 개념이다.

(27) 가. 영접사의 존재를 확인할 수 있는 형태, 음운적 증거가 없다.
나. 이미 내적 변화에 의한 파생과 같이 실질적인 접사 첨가 없이 이루어지는 파생법이 존재하므로 파생법에서 반드시 접사를 요구하는 것이 아니다.
다. 영접사를 인정하면 명사에서 부사, 동사에서 명사 등의 파생에 사용된 접사를 동일 형태의 접사로 인정하기 어렵다. 동일 형태라면 동일한 접사에 과도한 기능을 부여해야 한다.
라. 동일한 형태의 영접사가 아니라면 영접사 파생의 예들을 도출하기 위해서는 여러 형태의 영접사가 필요하다.
마. 어떤 형태를 기저형으로 잡을 경우 기저형은 영접사를 갖지 않아 단일어가 되며 파생된 단어는 복합어가 된다.

(28) 가. 영접사의 정의상 (27가)는 비판의 근거가 되지 못한다. 중세 한국어 영접사 파생의 짝들이 성조상의 차이를 보이기도 한다.
나. 내적 변화와는 달리 영 파생은 파생이 외부의 작용을 수반한다는 점에서 영접사의 존재를 상정하여야 한다.
다. 실체가 있는 접사에 여러 기능이 있듯이 영접사에도 여러 기능이 있을 수 있다.
라. 파생 전 단어와 파생 후 단어를 단어의 구조가 다른 동음이의어로 인정할 수 있다.

(27)은 영접사의 존재에 대한 회의적인 논거들을 임지현(2012: 15)에서 정리한 것이다. 임지현(2012)에서는 (27)의 논거들을 (28)의 근거를 통해 반박하였다.[39] 하지만 이 반박은 다품사어를 파생의 결과물로 보

아야 한다는 전제 위에서 이루어진 것으로 영접사의 존재를 증명하는 데까지는 이르지 못하였다는 한계를 가지고 있다.

김창섭(1990)처럼 전성의 개념을 '의미 전이'로 설명할 경우 다품사어는 파생과 무관한 '다양한 용법을 가진 어휘소(이정택 2012)'로도 볼 수 있다. 최호철(2000: 349)에서는 '국어의 조사는 문장에서 흔히 생략될 수 있는 것이므로 표면적으로 드러나는 조사의 유무로 그 범주를 구분한다는 것은 설득력이 있는 것은 못 된다'고 평가한 뒤, 체언과 부사의 다품사어는 체인의 범주로 통합하고 그것이 문장 가운데에서 부사어의 관계로 쓰인다고 설명하는 것이 더욱 간편하고 설명력이 있다고 주장하였다. 실제로 명사 '방울방울'에 제시된 용례 '풀잎에 이슬이 방울방울로 맺혔다'에서 조사 '로'를 생략할 경우 '방울방울'은 부사가 된다. 최호철(2000)에서는 하나의 명사가 명사적 용법과 부사적 용법을 갖는다는 것과 그 명사의 품사를 명사와 부사로 처리해야 한다는 것을 별개의 문제로 본 것이다. 즉 해당 단어의 품사는 하나이며, 다만 별개의 용법을 가진다고 설명하는 것이다. 다만, '같이, 곧, 보다'와 같이 부사와 조사의 용법을 두루 보이는 단어의 경우, 자립성의 여부까지 달라지는 문제이므로 이는 동음적으로 처리하여 별도의 범주를 설정해야 한다고 보았다.

이 책에서는 김창섭(1990), 최호철(2000)과 동일한 관점에서 명사 '방울방울'이 명사적 용법뿐만 아니라 부사적 용법까지 가지는 현상으로 본다. 이 경우 선후 관계가 중요한데, '방울방울'의 경우 의미의 전이

---

39) (28)은 임지현(2012: 16-19)의 주장을 이선웅(2012: 205-206)에서 정리한 것이다. (28라)는 '동음이의어의 존재'로 정리된 것을 임지현(2012)의 주장을 구체적으로 드러낼 수 있도록 본고에서 수정한 것이다.

방향이 분명이다. '방울방울'의 어기인 '방울'이 명사적 용법만을 가지기 때문이다. 즉 '방울방울'에서 확인되는 부사적 용법은 명사 '방울방울'이 합성된 뒤 추가적으로 얻게 된 기능으로 보는 것이 타당하다. '방울방울'의 부사적 기능은 문맥을 통해 확인되므로, 합성어의 맥락 제약 정보 중에서도 문맥적 의미에 해당된다.

만약 '방울방울'에서 확인되는 부사적 용법이 동어 반복 구성으로 이루어진 모든 합성어에서 발견되는 것이라면, 또는 최소한 이와 같은 현상을 보이는 합성어의 구성 성분들이 하나의 집합으로 묶일 수 있다면 이를 합성의 과정에서 생성된 의미로 볼 수도 있을 것이다. 하지만 '거리거리'나 '낱낱'과 같이 명사적 용법만을 가지는 동어 반복 구성의 합성어가 존재한다. 그렇기 때문에 '거리'류는 배제하고 '방울'류만 포함하는 일정한 언어적 집합을 설정하지 못한다면 이를 합성의 과정에서 규칙적으로 생성되는 의미로 처리할 수는 없다. 즉 '방울방울'의 부사적 용법은 합성과 무관하게 부여된 어휘 개별적 정보로, 비합성적 의미에 해당된다.

이 절에서는 합성어의 의미가 생성 기제에 따라 합성적 의미와 비합성적 의미로 구분된다는 점에 주목했다. 한편 대응 형식의 가시성에 따라 합성어의 의미를 어기의 의미와 제3의 의미로 구분하였을 때, 이 제3의 의미 역시 합성적 의미에 속하는 것과 비합성적 의미에 속하는 것으로 더 나눌 수 있다는 점도 확인하였다. 마지막으로 비합성적 의미에 속하는 제3의 의미는 '의미 분석이 불가능한, 합성어의 파생 의미'와 '의미 분석이 가능한, 합성어의 맥락 제약 정보'로 유형화할 수 있으며, 후자는 다시 화맥 제약 정보와 문맥 제약 정보로 나뉜다는 점을 지적하였다.

2.2. 합성적 의미의 구성 요소

앞서 합성어의 합성적 의미가 어기 의미와 어기로부터 도출된 추가 의미로 구성된다는 점을 지적하였다. 이 절에서는 어기로부터 도출된 추가 의미를 '조어 의미'로 명명하고 그 범주와 유형을 살펴볼 것이다. 합성어가 가진 제3의 의미 중 비합성적 의미로 구분되는 것들은 앞절에서 이미 살펴보았다. 이에 이 절의 논의 대상은 합성어의 합성적 의미로 한정된다.

조어 의미의 범주를 파악하는 일은, 어기 의미와 조어 의미 사이의 경계를 확인하는 일과 같다. 어기 의미는 대응 형식이 확인되는 의미이고, 조어 의미는 대응 형식이 확인되지 않는 의미라 정리할 수 있을 것 같지만, 어기의 형식에 대응되는 어기 의미를 어디까지로 보아야 하는지는 쉽게 답할 수 있는 문제가 아니다. 이에 2.2.1절에서 어기 의미와 조어 의미의 경계 문제를 다루고, 2.2.2절에서는 조어 의미의 유형을 살펴볼 것이다.

2.2.1. 조어 의미의 설정: 어기 의미와 조어 의미의 경계

어기 의미와 조어 의미의 경계를 확인하기 위해서, 우선 단어의 의미 특성을 체계화한 연구 결과들을 확인해 볼 것이다. 어기는 단어가 합성의 과정에서 부여받는 역할을 말한다. 그렇기 때문에 단어의 의미 범주에 대한 연구 성과를 어기 의미의 범주를 이해하는 기반으로 삼을 수 있다. 단어의 의미 특성을 체계화하고 이를 바탕으로 단어의 의미를 기술하는 것은 의미론자들 모두의 기본적이며 공통적인 관심사이다. 단어의 의미로 기술되어야 하는 정보들의 체계화 작업은 동시에 단어 의미의 범주를 설정하는 작업이기도 하다.

단어의 의미는 다양한 정보의 집합체이다. 이와 같은 관점에서 단어의 의미를 이루는 정보들로는 어떤 것들이 있으며, 어떠한 구조로 조직되어 있는지 밝히려는 노력이 계속되어 왔다. 최호철(1993나)에서는 어휘를 구성하는 정보를 '어휘 항목의 문법 정보'로 명명한 뒤 다음과 같은 체계를 제시하였다.

(29) 어휘 항목의 문법 정보(최호철 1993나)

가. 음운 특성:		[±유성성], [±자음성], [±긴장성] 등
나. 형태 특성:		[어기], [접사]
다. 통사 특성	범주 특성:	[-서술성, -한정성/±보통성, ±가산성], [+서술성, (-한정성)], [(-서술성, +한정성] 등
	규칙 특성:	[±목적어 생략], [±인상] 등
라. 의미 특성	논항 특성:	[지정격], [작위격, 피위격], [작위격, 피위격, 목표격] 등
	선택 특성:	[작위격[+유정성] 피위격[+액체성]] 등
	고유 특성:	[±추상성], [±유정성], [±인간성], [±성인성], [±기혼성], [±자웅성] 등

최호철(1993나)에서 주목할 점은 변형 생성 문법에서 통사 특성으로 분류되었던 논항 특성이나 선택 특성 등을 어휘 항목 사이의 공기 관계로 규정하여 단어의 의미 특성으로 포함하였다는 것이다. 선택 특성

과 논항 특성을 의미 특성의 범주에 포함하는 관점은 이후 연구들에서 꾸준히 유지되고 있다.

남경완(2008)에서는 의미 특성에 범주 특성을 추가하였으며, 범주 특성과 고유 특성을 계열적 정보로, 논항 특성과 선택 특성을 결합적 정보로 묶어 다음과 같이 체계화하였다.

(30) 어휘 의미의 통합 구조(남경완 2008: 66)

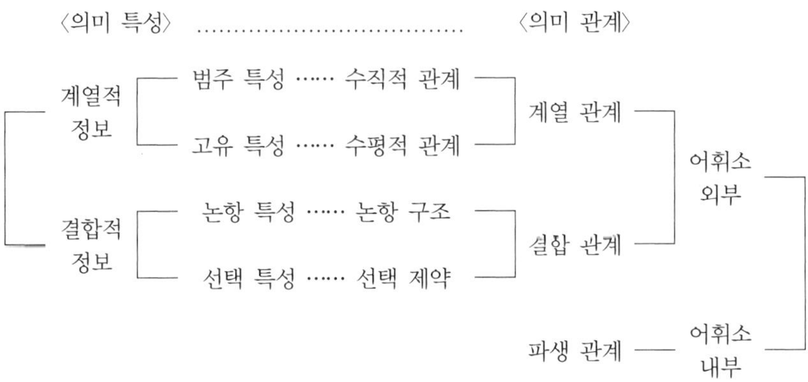

박철우(2013)에서도 어휘의 의미 정보를 계열 관계와 결합 관계로 나누었으나, 남경완(2008)에서 계열적 정보에 속했던 범주 특성을 통합적 차원의 의미 정보, 즉 결합 관계에 속하는 것으로 보았다. 유형 논리(type logic)를 이용하여 통사 범주를 실재물과 명제의 관계로 정의하였기 때문에 범주 특성을 계열적 정보가 아닌 통합적 정보로 본 것이다.

(31) 박철우(2013)에서 제시된 등재소의 의미 정보

- 통합적 차원의 의미 정보
  - 범주 정보
  - 논항 정보와 의미 선택 제한 정보
- 계열적 차원의 의미 정보
  - 의미 특성 정보
  - 관련 어휘 정보

이 논의에서는 반의어나 유의어와 같은 관련 어휘 정보를 계열적 의미 특성의 하나로 포함하여 다루고 있다. 관련 어휘 정보를 어휘의 개념 의미에 영향을 주는 의미 특성 그 자체로 본 것이다. 남경완(2008)에서도 어휘의 의미 특성을 밝히는 일과 의미 사이의 관계를 찾아내는 것이 서로 분리될 수 없다는 같은 입장을 취하고 있으나 관련 어휘 정보를 어휘의 의미 특성에 포함시키지는 않아 차이를 보인다.

김혜령(2015) 역시 남경완(2008)과 마찬가지로 관련 어휘 정보를 의미 특성에서 배제하고 있다. 관련 어휘 정보를 이미 결정된 의미 특성을 기반으로 맺어지는 관계로 한정하였기 때문이다. 본고 역시 이와 같은 입장을 취한다. 관련 어휘와의 관계를 통해 한 어휘가 갖는 의미 특성이 보다 선명하게 기술될 수는 있겠으나, 그것이 어휘의 의미 그 자체를 이루는 의미 특성으로 설정될 수는 없다고 판단되기 때문이다.

김혜령(2015)에서는 어휘의 의미를 구성하는 정보로, 기존의 논의들에서 배제되었던 어휘 의미의 화맥적 실현 조건을 포함하고 있어 의의가 있다. 하나의 단어는 맥락에 따라 다양한 변이 의미를 실현할 수 있다. 맥락에 따라 실현되는 모든 변이 의미의 차이를 세분하여 기술하는 것은 불가능할 뿐만 아니라 언어학적인 가치 역시 없기 때문에,

우리는 이를 몇 개의 추상화된 의미 단위로 묶어낸다. 추상화된 의미 단위가 하나인 단어는 단의어가 되고, 둘 이상인 단어는 다의어가 된다.

단어를 다의어로 기술하기 위해서는 각각의 단의를 구분해 주는 객관적인 기준을 제시하는 것이 중요하다. 김혜령(2015)에서는 다의들의 상호 배타적인 정의를 가능하게 하는 기준으로, '배타적인 맥락적 실현 조건'을 제안하였다. 이 논의는 단어의 맥락을 의미 실현 조건이 되는 맥락과 그렇지 않은 맥락을 구분하는 데에서 시작한다.

단발적인 맥락 제약을 모두 인정한다면 극단적으로는 단어가 접하는 맥락만큼의 단의를 모두 인정해야 할 수도 있기 때문이다. 그렇기 때문에 일군의 변이 의미들이 공통적으로 가지는, 즉 일반화가 가능한 맥락 제약만을 의미 실현 조건이 되는 맥락으로 인정한다. 이때, 기존의 논의들과 달리 문맥적 실현 조건뿐만 아니라 화맥적 실현 조건까지를 포함하여 체계화한 것이다. 다음은 이 논문에 제시된 어휘의 의미 실현 조건의 유형 체계와 어휘 의미 실현 조건을 고려하여 단어 의미를 기술한 예이다.

(32) 어휘 의미의 실현 조건(김혜령 2015: 78)

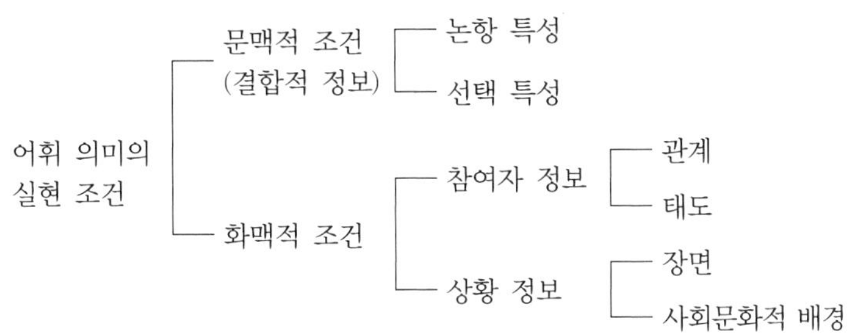

(33) '우리'의 의미(김혜령 2015: 176)

가. 의미부

01. 화자와 청자를 포함한 여러 사람.

¶ 우리는 내일까지 이 일을 마쳐야 합니다.

02. 화자를 포함한 여러 사람. ¶ 우리 먼저 갈게.

03. 화자와 친근한 관계에 있는. ¶ 우리 강아지 왔니?

나. 의미의 실현 조건

01. 화맥: 참여자

관계 [화자가 청자와 동등하거나 청자보다 높은 위치 일 때]

02. 화맥: 참여자

관계 [화자가 청자와 동등하거나 청자보다 높은 위치 일 때]

태도 [청자 배제]

03. 문맥: 공기 관계

선택 특성: 후행 명사〈가까운 인물, 소유물〉

화맥:

참여자

관계 [화자가 청자와 동등하거나 청자보다 높은 위치일 때]

태도 [발화 대상에 대한 감정적 거리 표현]

상황: 사회문화적 배경 [공동체 문화]

김혜령(2015)의 핵심 주장은 어떤 일군의 변이 의미들이 공통적으로 다른 변이 의미들은 가지지 못하는 맥락 제약을 가지고 있을 때 별개의 단의로 인정할 수 있다는 것이다. 본고에서도 하나의 의미가 실현되기 위해 전제된 제한적인 맥락 정보를 어기의 의미로 본다. 이를 합성어의 의미 기술 문제에 적용해 보자. 합성어의 의미에도 맥락적 제약이 포함되어 있을 수 있다. 또한 해당 제약은 어기의 제약일 수도 있고 합성어의 제약일 수도 있다. 어기의 제약이라면 합성적 의미에 속하지만 합성어의 제약이라면 비합성적 의미에 속하게 된다. 그렇기 때문에 합성어의 의미 구조를 살필 때에는 맥락적 제약의 적용 대상이 무엇인지 확인하는 과정이 요구된다.

(34) 아기(01-2): 〈나이가 많지 않은 딸이나 며느리를 정답게 이르는 말〉
¶ㄱ: 어머니 저 왔어요.
ㄴ: 우리 아기 오는 데 힘들지는 않았니?

'아기'는 〈젖먹이 어린아이〉라는 기본 의미뿐만 아니라, 위에 제시된 의미로도 사용된다. 그런데 이 의미가 실현되기 위해서는 일정한 화맥 조건이 갖추어져야 한다. 이 의미는 청자보다 윗사람인 화자가 청자에게 친근함을 표현하고자 할 때 실현된다. '아기'는 '며느리'와 결합하여 합성어 '며늘아기'를[40] 이룬다.

(35) 며늘아기: 〈'며느리'를 귀엽게 이르는 말〉
¶며늘아기가 우리 집안엔 큰 복덩이랍니다.

---

40) 송철의(1997)에서는 '가리가리 → 갈가리, 우리 엄마 → 울엄마' 등에서 자음 'ㄴ, ㄷ, ㄹ, ㅈ' 다음에서 모음 '이'가 탈락하는 현상이 있음을 지적하였다.

'아기'에 고정되어 있던 맥락 조건은 '며늘아기'에서도 동일하게 확인된다. '며늘아기' 역시 화자가 청자보다 윗사람이며, 화자가 청자에게 친근감을 표현하고자 하는 의도를 가졌을 때 실현된다.[41] '아기'의 맥락 제약이 '며늘아기'로 계승된 것이다. 그러므로 '며늘아기'가 가지고 있는 맥락 제약 정보는 어기의 의미에 속한다.[42][43]

이상의 논의들은 어휘의 의미 중 '의미의 실현 조건'을 체계화하는 데 집중되어 있다. 하지만 단어의 의미를 규명하기 위해서는 '의미의 실현 조건'뿐만 아니라 '의미부' 자체에도 관심을 가져야 한다. '의미부'의 정보 구조를 체계적으로 제시한 논의로는 최경봉(1998, 2015)를 들 수 있다. 최경봉(1998)에서는 생성 의미론의 특질 구조(qualia structure, Pustejovsky 1995)와 의미장(semantic field) 이론을 선택적으로 수용하여 명사의 의미 구조로서 다음과 같은 'Q-구조'를 제안하였다.

41) 화맥적 정보를 가진 단어는 사전에서 주로 상위 언어로 풀이된다. 『표준』에서는 '아기'의 경우 '정답게 이르는 말'로, '며늘아기'의 경우 '귀엽게 이르는 말'로 달리 풀이되어 있는데, 일관된 기준을 통해 변별된 표현이라고는 생각되지 않는다. '아기'에 의해 전달되는 화자의 감정과 '며늘아기'를 통해 전달되는 화자의 감정에 차이가 있다고 볼 수 없기 때문이다. 상위 언어 풀이의 일관성 역시 사전 기술에서 좀더 깊은 고민이 필요한 부분이다.

42) '며늘아기'가 가진 맥락 제약이 '아기'로부터 계승된 것이라고 단정할 수 없다. 화청자 간의 관계 제약(화자가 청자보다 윗사람일 것)은 '며느리'에서도 확인되기 때문이다. 이 경우 해당 정보의 출처를 명시하기는 어렵다. 하지만 이 정보가 어기의 의미라는 사실은 변하지 않는다.

43) 합성어 '며늘아기'의 의미는 어기 의미만으로 구성되어 있다. '며늘아기'의 '아기'는 〈며느리나 딸〉을 의미하므로, '며느리'의 상위어이다. 이처럼 상하 관계를 맺는 두 단어가 합성어를 이룰 경우, 합성어의 의미는 하의어의 의미와 동일해진다. 이에 대한 보다 구체적인 논의는 3.2절 참조.

(36) '소설'의 의미 구조(최경봉 2015: 268)

소설(x)

[부류

[상위개념, 문학]]

[속성

[구성역, 이야기(x)]

[형상역, 책(x)]

[기능역, 읽다(y, x)]

[작인역, 쓰다(y, x)]]

Q-구조는 부류 정보와 속성 정보로 구성된다. 부류 정보는 해당 단어를 어휘 전체의 외적 체계와 연결시키는 데 사용되는 의미 정보이며, 속성 정보는 단어의 내적 체계를 이루며 문맥에 따라 선택적으로 활성화되는 의미 정보이다. 속성 정보는 구성역, 형상역, 기능역, 작인역으로 구분된다.[44] Q-구조는 해당 단어가 실제 문맥에서 실현하게 되는 의미를 설명하기 위한 근거로 작용한다. 다음은 최경봉(2015: 269)에서 가져온 예문과 그 설명이다.

---

44) 각각의 개념은 Pustejovsky(1995)의 속성 구조(Qualia Structure)와 동일하다. Pustejovsky(1995)에서는 하나의 어휘가 주어진 문맥에 따라 다양한 의미로 실현될 수 있는 근거가 어휘의 의미 속성에 있다고 보고, 어휘 의미의 역동적 작용을 설명할 수 있을 만큼의 의미 정보를 속성 구조(Qualia structure)로 표상하였다. 다음은 각 속성역에 대한 정의이다.

속성 구조(김종복, 김예식 역 재인용 2002: 117)

가. 구성(CONSTITUTE): 한 사물과 그 구성소 부분 사이의 관계

나. 형상(FORMAL): 한 사물을 보다 큰 영역에서 다른 것과 구별해 주는 것

다. 기능(TELIC): 사물의 목적이나 기능을 표시

라. 작인(AGENTIVE): 사물의 근원이나 "이를 발생하게 한" 요인

(37) 가. 난 그 소설을 본 적은 있지만 읽은 적은 없어.
나. 그는 그 소설을 시작한 지 하루 만에 탈고했다.
다. 그는 무척 소설을 즐긴다.

(38) (37가)는 형상역을 부각시킨 예로, 제본된 소설책으로서의 '소설'을 의미한다. (37나-다)는 '소설'의 의미 구성에 영향을 받아 서술어인 '시작하다, 즐기다'가 다의화되는 양상을 보여 준다. (37나)는 작인역을 부각시킨 예로, '시작하다'가 '소설을 쓰는 과정'의 시작임을 나타낸다. 그리고 (37다)는 기능역을 부각시킨 예로 '즐긴다'가 '소설을 읽은 행위'임을 나타낸다. 이상을 통해 보았을 때, 명사는 속성 자질과 분류 체계에 근거하여 자신의 의미 구조를 구성하며, 이와 같이 구성된 의미 구조는 문맥과의 상호 작용 아래 다양한 문맥적 의미를 생성한다고 할 수 있다.[45]

위 설명 중 속성 정보가 선택적으로 부각되는(활성화되는) 지점을 '문맥'으로 보고 있다는 점이 주목된다. 이 기술이 단어의 속성 정보를 단어의 문맥적 의미로 구분할 수 있는 근거가 되어 줄 수 있기 때문이다. 속성 정보가 문맥에 따라 달리 부각되고, 그 결과 문맥 내에서 단어가 담당하는 의미가 달라진다면 이를 문맥적 변이 의미, 즉 단어의 문맥적 의미로 볼 수 있기 때문이다.

단, 속성 정보가 단어의 내적 체계를 이룬다는 기술에는 동의하지 않는다. 이 기술은 문맥을 통해 실현될 수 있는 모든 가능 의미가, 문

45) 독자의 이해를 돕기 위해 예문 번호를 수정하였다.

맥과의 결부 이전에 이미 단어의 의미로 구조화되어 있다는 가정을 전제하기 때문이다. 즉 본고에서는 본유적이며 완벽한 단어의 의미 체계를 가정하지 않는다. 정리하자면 본고에서는 Q-구조를, 단어를 통해 실현되는 문맥 정보를 체계적으로 기술할 수 있는 의미 표상 방식의 하나로 본다는 것이다. Q-구조는 사전의 의미 표상 방식으로 확인할 수 없었던 수많은 단어의 문맥적 의미들을 체계화해 주었다는 장점을 가진다.

그런데 속성 정보는 균질한 가치를 가지는 것으로 보이지 않는다. 정보 간의 일종의 위계 차이가 있다는 것이다. 사전에서는 '소설'의 의미를 〈사실 또는 작가의 상상력에 바탕을 두고 허구적으로 이야기를 꾸며 나간 산문체의 문학 양식〉으로 기술하고 있다. 다양한 속성 정보 중 '작인역'과 '구성역'을 중심으로 의미를 기술하고 있는 것이다.

최경봉(2015: 111)에서도 이를 '의미적 중점'이라는 표현으로 구분하였다. 단어의 의미를 구성하는 속성 정보 중 의미적 중점이 있는 속성 정보와 그렇지 못한 속성 정보가 있다는 관점이다.[46] 이 논의에서는 더 나아가 의미적 중점을 이용하여 단어의 인지적 분류를 할 수 있다고 본다.

(39) 인간 명사의 의미 분류(최경봉 2015: 112)

가. 형상: 사람, 인간, 여자, 남자, 아가씨, 총각, 아줌마, 노인, 젊은이

46) 최경봉(2015: 99)에서도 "시, 희곡' 등과 구분된다는 점에서 소설의 의미가 네 가지 속성 정보 중 구성역을 중점으로 인식하고 만들어졌다"고 기술하고 있다.

나. 구성: 부자, 천재, 바보, 미인, 영세민
다. 기능: 선생님, 의사, 가수, 연기자, 국회의원, 시장, 군수, 대통령
라. 작인: 아버지, 어머니, 아들, 딸, 형, 누나, 동생, 부하, 상관

위 예는 인간 명사를 의미적 중점에 따라 형상, 구성, 기능, 작인의 네 영역으로 세분한 것이다. 앞서 생성 어휘론에서는 단어의 의미가 속성 정보의 집합이며, 문맥에 따라 다른 속성 정보가 활성화되어 문맥적 변이 의미가 생성된다고 본다는 점을 설명하였다. 활성화된다는 것은 여러 속성 정보 중 하나가 초점을 부여받는다는 것을 의미한다.

의미적 중점은 문맥에 따라 부여되는 초점과는 다른 개념이다. 의미적 중점을 단어의 의미 분류에 적용하는 일은, 의미적 중점이 문맥 초월적인 것이라는 전제 위에서 가능하다. 즉 의미적 중점은 문맥을 배제한 상태에서 확인되는, 즉 '소설'을 '소설'이라 부를 수 있게 해주는 필수적이고 본질적인 의미 정보라고 할 수 있다.

앞서 김혜령(2015)의 논의를 통해 단어의 맥락적 정보가 일반화의 가능성에 의해 단어의 의미로 수용되는 것과 맥락적 의미로 남게 되는 것이 구분된다는 점을 지적하였다. 이를 속성 정보에 적용한다면 문맥 초월적이며, 필수적이고 본질적인 속성 정보는 단어의 의미로, 그 외의 속성 정보는 문맥적 의미로 분류할 수 있다.[47]

---

47) 의미적 중점이 Q-구조 내에 어떠한 방식으로 표상되는지에 대한 언급은 발견되지 않는다. 현재는 속성 정보가 동등한 층위로 나열되어 있으나, 의미적 중점을 반영하기 위해서는 층위를 구분하거나 특정한 표지를 부여하는 방식이 고안되어야 할 것이다. 어떠한 방식이 더 유용할 것인가는 별도의 연구가 필요한 주제이다.

이때 단어가 가지고 있는 여러 속성 중 어떤 것이 의미적 중점을 받는 본질적 속성인지 판단하는 기준은 언어 사용자의 인식이다. 언어 사용자에게 본질이라고 인식되는 것이 본질적 속성이 된다는 뜻이다. 그렇기 때문에 서로 다른 단어가 하나의 본질적 속성을 공유하는 일이 가능하다. 예를 들어 '접시'는 '그릇'과 동일한 본질적 속성을 가지는 단어이다. 다만 '그릇'과 달리 〈운두가 낮고 납작하다〉라는 형상역을 본질적 속성으로 더 가진다.[48]

'그릇'이나 '접시'처럼 화자가 쉽게 본질적 속성을 파악할 수 있는 단어가 있는 반면, 그렇지 않은 단어도 있을 수 있다. 예를 들어 (39)에서 '사람'은 형상역에 의미적 중점이 있다고 분류되어 있으나, 그 정보가 무엇인지 구체적으로 기술하는 것은 무척 어렵다.[49]

이는 본질적 속성의 한계가 아니라, 단어의 개별적 특성에서 기인된 자연스러운 차이이다. 그러므로 문맥을 통해 실현되는 단어의 속성 정보를 본질적 속성과 비본질적 속성으로 나눌 수 있다는 관점 자체에는 영향을 주지 않는다. 본질적인 속성 정보는 단어의 의미가 되지만, 비본질적인 속성 정보는 단어의 문맥적 의미로 남게 된다. 둘 이상의 본질적 정보를 가지는 단어도 있을 수 있고, 반대로 본질적 정보가 파악되지 않는 단어도 있을 수 있다.

---

48) '접시'의 의미는 〈운두가 낮고 납작한 그릇〉으로 기술된다.

49) 인간의 본질은 서양 철학에서 무척 중요한 연구 주제로 다루어졌다. 중세 시대에는 신의 계율을 실천하는 것이 인간의 본질로 규정되었으나 이후 실존주의 철학에서는 인간의 경우 실존이 본질에 앞선다고 보았다. 예를 들면 목수가 의자를 만들고자 할 때에는 의자의 기능이나, 기능에 적합한 모양새 등과 같은 본질을 결정한 뒤 일정한 기간의 작업 후 비로소 의자라는 실존을 탄생시키지만 인간의 경우 실존의 탄생 이전에 그것을 규정할 수 있는 본질이 아무것도 없다는 것이다(유기환 2004).

합성어의 의미를 분석할 때 속성 정보의 의미적 가치를 구분하여 본질적 속성 정보와 비본질적 속성 정보로 구분하는 것은 무척 중요한 일이다. 합성어의 합성적 의미는 어기 의미와 조어 의미로 구성되며, 이때 조어 의미는 합성의 과정에서 어기의 의미를 근거로 하여 추론된 의미라고 설명하였다. 이 설명이 성립하기 위해서는 어기 의미와 어기로부터 추론된 의미를 구분할 수 있어야 하는데, 본고는 이 경계가 의미적 중점을 부여받는 본질적 속성 정보와 그렇지 않은 속성 정보 사이에 놓여 있다고 본다.

(40) 가. 그릇: 〈음식이나 물건 따위를 담는 기구를 통틀어 이르는 말〉
¶ 음식을 그릇에 담아 먹다.
나. 물그릇: 〈물을 담는 그릇 또는 물이 담긴 그릇〉
¶ 그녀는 가마솥에 끓고 있던 숭늉을 물그릇에 가만히 따랐다.
다. 양은그릇: 〈양은으로 만든 그릇〉
¶ 다섯 사람은 소주를 양은그릇에 따라 돌렸다.

'물그릇'의 의미는 〈물을 담는 그릇〉이고, '양은그릇'의 의미는 〈양은으로 만든 그릇〉이다. 김계곤(1974나)에서는 종속 합성어의 덧난 뜻을, 합성어의 의미에서 어기의 형태를 제외한 것으로 보았다. '물그릇'의 의미를 〈(앞)을 담는 (뒤)〉로 분석한 뒤 〈을 담는〉을 덧난 뜻으로 보는 방식이다. '양은그릇' 역시 같은 방식으로 분석한다면 〈으로 만든〉이 덧난 뜻으로 분석될 것이다. 이들은 본고에서 조어 의미라고 부르는 대상의 후보가 된다.

이들을 조어 의미로 단언하지 않고 조어 의미의 후보라고 말한 이유는 이 중 조어 의미로 볼 수 없는 의미, 즉 어기 의미로 분석되는 것이 포함되어 있기 때문이다. (40가)에서 확인할 수 있듯이 '그릇'은 기능역 〈담다〉를 본질적 속성으로 가진 단어이다. 다시 말해 〈담다〉는 '그릇'으로부터 추론된 의미가 아니라 '그릇'의 의미로 보아야 한다는 것이다. 나은미(2007)의 표현을 빌자면, 〈담다〉와 〈만들다〉는 '두 의미 요소의 상호 작용에서 도출된 언어 요소'라는 점에서는 동일하지만, 전자는 어기 의미를, 후자는 어기로부터 추론된 의미라는 점에서 차이를 보인다고 말할 수 있겠다.[50)]

여기서 '조어 의미'가 지시하는 개념에 대응되는 적합한 용어인가 하는 문제가 제기될 수 있을 것이다. 본고의 연구 대상은 조어의 한 유형인 합성에 국한되어 있기 때문이다. 합성에 한정된 조어 의미를 가리키는 데 보다 적절한 용어는 '합성적 의미'이다. 하지만 '합성적 의미'는 합성을 통해 생성된 의미, 또는 합성성을 가진 의미라는 뜻으로 학계에서 일반적으로 사용되고 있다. 조어 의미를 합성적 의미로 부르게 될 경우, 합성적 의미는 광의와 협의, 두 가지 정의를 가지게 되므로, 용어의 혼란을 피하기 어렵게 된다. 이에 본고에서는 두 개념을 구분하여 별개의 용어로 부른다.[51)]

---

50) 이 책에서는 동일한 논리를 적용하여 나은미(2007)에서 사용된 예 '봄비'의 〈내리다〉는 어기 '비'의 의미로, 황화상(2001)에서 사용된 예 '산사람'의 〈살다〉는 조어 의미로 구분한다.

51) '조어 의미'는 본 연구가 지향하는 바를 담은 용어이기도 하다. 본고는 작은 단위의 의미가 결합되어 더 큰 의미를 구성해 나가는 방식에 대한 관심에서 시작되었다. 이 중 비교적 구성단위의 의미가 분명한 명사 구성 합성어를 일차적인 연구 대상으로 삼은 것이다. 황화상(2001)에서는 복합어 형성에서 의미 중심의 연구를 지향하면, 합성어와 파생어의 구분이 별 의미가 없다고 보았는데 이 관점에 따르면 '조어 의미'가 용어로서

(41) 조어 의미의 위상

가. 형태:	양은	+			그릇	=	양은그릇
나. 의미:	〈양은〉	+	〈으로 만든〉	+	〈그릇〉	=	〈양은으로 만든 그릇〉
			협의의 '합성적 의미'				광의의 '합성적 의미'
			⇓				⇓
			'조어 의미'				'합성적 의미'

2.2.2. 조어 의미의 유형

조어 의미는 복합적인 의미 정보이다. '양은그릇'의 조어 의미는 〈만들다〉가 아니라 〈으로 만든〉이다. 〈으로 만든〉에는 '양은'과 '그릇'이 '만들다'의 사건 구조를 통해 종속적인 관계를 맺게 되며, 이때 '양은'은 재료의 역할을 부여받는다는 것을 반영하고 있다. 전자는 관형사형 어미 '-ㄴ'으로, 후자는 부사격 조사 '으로'로 표상되어 있다.

조어 의미는 어휘의 의미를 어휘적 의미와 문법적 의미로 나누는 것과 동일한 방식으로 구분할 수 있다. '양은'에 부여된 의미역 정보와 두 단어가 맺고 있는 종속적 관계는 문법적 의미에, 두 단어를 연결하기 위해 도입된 사건 구조 〈만들다〉는 어휘적 의미에 대응된다.[52] 이

가지는 지위가 더욱 공고해질 것이다. 본고의 논의 결과를 파생어에 적용하는 방식은 6장 참조.

52) 어휘의 의미는 어휘적 의미와 문법적 의미로 나눌 수 있는데, 체언이나 용언 등의 실질 내용어가 가진 의미가 어휘적 의미이고, 조사나 어미, 의존 명사와 같은 형식 기능어가 가진 의미가 문법적 의미이다. 문법적 의미만을 가진 어휘들은 '의미가 없다'고 기술되기도 한다. 어휘의 의미를 어휘적 의미와 동일한 범주로 보는 견해이다. 이는

를 반영하면 전자는 문법적 조어 의미가, 후자는 어휘적 조어 의미가 된다.

(42) 조어 의미의 유형

조어 의미 ─┬─ 문법적 조어 의미
　　　　　 └─ 어휘적 조어 의미

이숙경(2004)에서는 '깔보다, 낮보다, 넘보다'와 같은 비통사적 합성어에 연결 어미의 의미 기능이 포함되어 있다는 점을 지적하고 이를 추가 의미 α로 분석하였다. '가려보다'와 같은 통사적 합성어에서는 연결 어미 '-어'가 포함되어 있으나, 비통사적 합성어의 경우 연결 어미가 실현되지 않았음에도 해당 의미 기능이 합성어의 의미에서 발견된다는 점에 주목한 것이다. 또한 '맛보다, 망보다, 손보다'와 같은 단어에서 나타나는 명사와 동사의 문법적 관계를 〈후행 성분의 목적〉으로 표현하고 이 역시 α로 보고 있다. 본고에서 문법적 조어 의미로 명명한 대상에 해당되는 예들이다.

김혜령(2015)에서도 조어 의미를 형식화되지 않은 채 전달되는 구성 성분의 문법적 관계로 보고 있다. 〈논과 밭〉을 의미하는 '논밭'은 서로 대등한 자격으로 연결되어 있는데, 두 어기가 대등한 자격으로 연결될 수 있다는 정보는 '논'이나 '밭'이 가진 의미, 즉 어기 의미라고 볼 수 없다. 두 어휘소의 결합 관계를 조사를 통해 표현한다면 '논'과 '밭'

어휘적 의미와 문법적 의미에 대한 보다 상세한 설명은 김혜령(2015) 2.1.1.2절 참조.

사이에 '과'가 사용되었을 것이다. 그러나 합성어 '논밭'에는 문법적 관계를 나타내주는 표지가 형식화되어 있지 않다.[53)]

〈금의 빛〉을 의미하는 '금빛' 역시 마찬가지이다. 두 구성 성분은 종속적 관계를 맺고 있는데 이 역시 '금'이나 '빛'이 가진 의미는 아니다. 이를 조사를 통해 표현한다면 '의'가 사용되었을 것이지만 합성어 '금빛'에도 문법적 관계를 나타내주는 표지는 형식화되어 있지 않다. 김혜령(2015)에서는 이와 같이 형식화되지 않은, 단어 구성상의 문법적 의미를 '조어 의미'로 명명하였다.

김혜령(2015)에서 사용된 용어 '조어 의미'는 보다 좁은 범주를 가리키고 있는데, 이는 문법적 의미를 문장 구성의 층위에서 발견되는 것과, 단어 구성의 층위에서 발견되는 것으로 나누는 과정에서 후자에 부여된 용어이기 때문이다. 본고는 조어 의미를 문법적 의미의 하위 유형으로 한정하지 않고, 합성어의 합성적 의미를 구성하는 추가 의미 전체를 가리키는 용어로 사용한다.[54)]

조어 의미의 가장 큰 특징은 의미에 대응되는 형식이 없다는 것이다. 문장의 구조적 의미에 대한 연구가 상당한 수준에 이르렀다는 점을 생각하면, 형식 없이 전달되는 문법적 의미는 이미 매우 익숙한 개념이라고 할 수 있다. 이에 반해 형식 없이 전달되는 어휘적 의미를

---

53) 동위어가 결합되어 합성어를 이룰 경우, 두 어기는 대등 관계뿐만 아니라 종속 관계도 맺을 수 있다. '오리너구리'나 '애플망고'같은 예가 대표적이다. 이에 대한 보다 구체적인 논의는 4장 참조.

54) 김혜령(2015)에서도 '물고기'의 의미에 포함되어 있는 〈~에서 사는〉이라는 부가 의미를 언급하며 문법적 의미뿐만 아니라 어휘적 의미 역시 합성을 통해 생성될 수 있다는 점을 지적하였다. 어휘적 의미까지 부가되는 예는 결속적 의미로 분류하였으나, 이에 대한 구체적인 설명은 기술되어 있지 않다.

하나의 의미 단위로 설정하는 일은 다소 생소할 수 있다.

하지만 우리가 화맥을 통해 언어 표현이 가진 언표적 의미 그 이상의 의미를 실현한다는 점을 생각하면, 형식 없이 전달되는 실질적 의미의 존재를 인정하지 않을 수 없다. 특히 합성어는 어떤 개념을 문장 단위로 표현할 때 동원될 수 있는 수많은 형태소 중 일부만으로 구성된 형식이기 때문에, 합성어에는 형식을 얻지 못한 어휘적 의미가 상당수 포함된다.[55)]

이 절에서는 합성어의 합성적 의미를 구성하고 있는 의미 구성단위로 '어기 의미'와 '조어 의미'를 제시하고 두 구성 요소의 경계 설정 문제를 논하였다. 이를 위해 단어의 의미 실현 조건과 단어의 내적 정보를 체계화한 기존의 논의들을 살피고, 단어의 내적 정보를 본질적 정보와 비본질적 정보로 나누어 후자를 단어의 문맥 실현 의미로 구분해 내었다. 이때 본질적 정보는 어기 의미로, 문맥을 통해 실현되는 비본질적 정보는 조어 의미로 구분하였다. 그 다음으로 조어 의미가 복합적인 의미 단위임을 확인하고 이를 문법적 조어 의미와 어휘적 조어 의미로 크게 나누었다. 각각에 속하는 하위 유형들은 4장과 5장에서 보다 구체적으로 다루게 될 것이다.

---

55) 문법론에서는 형식 없이 전달되는 의미를 가리켜 영형태(zero morph)라는 단위를 설정하기도 한다. 영형태의 설정은 이선웅(2012:204)의 표현을 빌자면 '계열체(paradigm)의 완성에 매우 적극적인 구조주의에서는 당연한 일'이라고 할 수 있다. 의미와 형태의 대응 체계를 전제한 개념이라는 것이다. 이와 같은 관점에서는 합성적 의미 내의 조어 의미를 영형태로 볼 수 있다. 그러나 하나의 언어 표현을 통해 전달될 수 있는 언표 의미 그 이상의 의미는 사실상 무한하기 때문에 이들 각각의 의미를 변별하여 각기 다른 영형태를 설정하는 것은 문법적 부담이 너무 큰 선택이라고 판단된다. 이에 본고에서는 조어 의미에 대응되는 형태 단위를 별도로 표시하지 않는다.

3장
조어 의미 부재형 합성어

합성어 합성적 의미는 어기 의미와 조어 의미로 분석할 수 있다는 것을 확인하였다. 그런데 어기 의미와 조어 의미는 합성어의 합성적 의미를 구성하는 필수적 요소는 아니다. 어기 의미와 조어 의미가 모두 포함되어 있는 경우도 있으나, 조어 의미만으로 구성되거나 반대로 어기 의미만으로 구성된 경우도 발견된다.

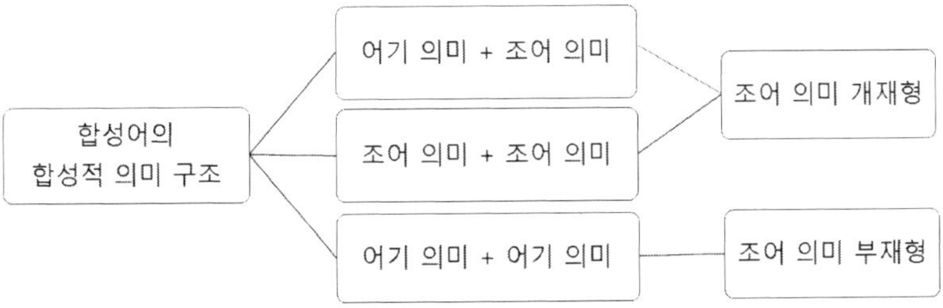

〈그림 4〉 합성적 의미의 구조 유형

이들은 〈그림 4〉에서와 같이, 조어 의미의 개재 여부에 따라 조어 의미 개재형과 조어 의미 부재형으로 나눌 수 있다. 이 장에서는 조어 의미 부재형의 의미 구조와 유형을 다룬다. 먼저 조어 의미의 개재

없이 어기 의미가 결합되어 합성적 의미를 구성하는 방식을, 다음으로 조어 의미 없이 결합될 수 있는 어기의 의미 특성을 살핀다.[56)]

3.1. 조어 의미 부재형 합성어의 의미 구조

조어 의미 부재형이란 용어 그대로 조어 의미의 개입 없이 구성된 합성적 의미를 말한다. 합성적 의미는, 어기의 두 의미가 별개의 의미 단위를 유지한 채 대등 관계 또는 종속 관계를 맺어 구성되는 것이 보다 일반적이다. 대등 관계는 선행어와 후행어가 각자의 고유한 의미를 유지한 채 병렬적으로 연결된 상태를 말한다. 이때 선행어와 후행어의 의미는 대등 관계의 문법적 조어 의미를 통해 연결된다(예: 논밭〈논과 밭〉). 종속 관계는 선행어가 후행어에 의미적으로 의존되는 관계를 말한다. 합성어의 의미 범주는 후행어로부터 계승되며, 선행어는 후행어의 의미를 한정하는 기능을 한다. 이때 두 어기의 의미는 종속 관계의 문법적 조어 의미를 통해 연결된다(예: 낯빛〈얼굴의 빛〉).

(1) 가. 초가집: 〈짚이나 갈대 따위로 지붕을 인 집〉
    나. 초가: 〈짚이나 갈대 따위로 지붕을 인 집〉
    다. 집: 〈사람이나 동물이 추위, 더위, 비바람 따위를 막고 그 속에 들어 살기 위하여 지은 건물〉

---

56) 조어 의미 개재형은 조어 의미의 유형과 양상을 체계적으로 살필 수 있도록 4장과 5장에서 보다 구체적으로 다룰 것이다. 4장에서는 문법적 조어 의미가 개재되는 방식을 5장에서는 어휘적 조어 의미가 개재되는 방식을 하위 유형에 따라 나누어 살핀다.

하지만 대등이나 종속과 같은 문법적 관계의 개재조차 없이 어기의 의미만으로 구성된 합성적 의미도 존재한다. '초가집'의 의미는 〈초가와 집〉도 〈초가의 집〉도 아니다. '초가집'에서 '초가'의 의미와 '집'의 의미는 병렬적으로 연결되어 있지 않으며, '초가'는 '집'의 하의어로 〈집〉의 의미를 이미 가지고 있으므로 '초가'가 '집'의 의미를 한정하는 기능을 한다고 볼 수도 없다.

'초가'의 의미와 '집'의 의미는 별도의 문법적 관계를 맺지 않은 채 합성어 '초가집'의 의미를 구성했다고 보아야 한다. 그렇다면 두 단어의 의미는 어떠한 구조로 결합되어 있는 것일까? '초가집'의 의미 구조를 파악하기 위해서는 '초가'와 '집'에서 중복적으로 확인되는 의미 〈집〉이, '초가집'에서는 중복되지 않는 이유를 설명해 주어야 한다. '초가집'과 같은 단어들은 장광군(1993), 조현용(1996), 김정남(2007), 신희삼(2015) 등에서 '동의 중복 합성어', 또는 '동의 중복 현상' 등의 용어로 다루어졌다.[57]

각각의 구성 성분이 가지고 있던 각각의 의미가 중복되지 않고 하나의 의미로 실현된 결과를 설명할 수 있는 방법은 두 가지이다. 하나는 두 어기 중 하나가 〈집〉의 의미를 담당한다고 보는 방식이다. 이 설명 방법은 〈집〉의 의미를 선행어 '초가'가 담당한다고 볼 것인가, 아니면 후행어 '집'이 담당한다고 볼 것인가에 따라 다시 더 나뉜다. 다른 하나

57) 이 용어들은 합성 이전의 재료로서 두 어기가 맺고 있는 관계를 포착한 용어이다. 실제로 합성의 결과물, 즉 합성어에서는 중복된 의미가 발견될 수도, 그렇지 않을 수도 있다. 예를 들어 '낱낱'과 같은 첩어에서는 각각의 의미가 중복적으로 실현되지만 '초가집'과 같은 경우에는 〈집〉의 의미가 한 번만 실현된다. '낱낱'의 의미에는 대등 관계의 문법적 조어 의미가 포함되어 있다. 이에 대한 구체적인 내용은 4.1절 참조.

는 두 어기의 공통 의미가 하나로 통합된다고 보는 방식이다.

먼저 〈집〉의 의미를 선행어 '초가'가 담당한다고 보는 관점부터 살펴보자. '초가집'에서 〈집〉의 의미를 선행어 '초가'가 담당한다면 후행어 '집'이 담당해야 할 의미는 남지 않게 된다. 그런데 '집'은 단일어로의 사용이 분명하고, 해당 의미가 명확히 확인되는 '벽돌집'과 같은 합성어의 예들도 많다. 즉 의미 소실 현상이 '집'이 '초가'와 결합하여 합성어 '초가집'을 이루는 과정에 한해 발생되었다는 설명이 인정되어야 한다.

또한 이 관점에서 '초가집'의 의미 생성을 설명하려면, 아무 의미를 가지지 않는 형태 '집'의 존재를 인정해야 하는 부담도 생긴다. 형태론에서는 음성적 실체는 있으나 의미를 가지지 않는 형식을 가리켜 공형태(empty morph)라고 한다.[58] '초가집'에서 〈집〉의 의미를 '초가'가 담당한다고 볼 경우, '집'은 의미가 없는 형태가 되므로, 공형태의 정의에 부합하는 대상이 된다. 하지만 '집이 보이는 의미 상실 현상이, 합성어 '초가집' 내에서 한정적으로 일어나므로, 즉 '집'은 독립된 어휘소로서 가지는 의미가 분명하므로 '집'이 영의미(zero seme)를 이의미(alloseme)로 가진다고 설명하는 것이 더 정확하다.[59] 하지만 '초가집'의 '집'을

58) Aronoff(1976)에서 의미가 없는 형태소(meaningless morpheme)가 있음을 지적하였고, Bybee(1985)에서 이를 공형태(empty morph)로 지칭하였다. 국어학에서 공형태는, 중세국어의 둘째 설명법 어미 '-니라'의 '니', 연결어미 '-오ᄃᆡ', 명사형 어미 '-옴'의 '오', '-ᄋᆞᆯ 브터'의 'ᄋᆞᆯ'(김영욱 1990, 1997)이나 'ᄃᆞᆮ-〈走〉'과 동일한 의미의 'ᄃᆞᆯ이-'에서 나타나는 '-이-'와 'ᄇᆡᆺ-〈横〉'과 동일한 의미의 '빗글-'에서 나타나는 '-을-'(장윤희 1999) 등을 설명하는 데 사용되었다. 하지만 공형태를 설정할 경우 '최소 유의미 언어 단위'라는 형태소의 개념을 전면적으로 부인하게 되므로, 장윤희(1999), 시정곤(2000, 2010) 등에서는 '화석'의 개념을 면밀하게 규정하여 이와 같은 예들을 설명하는 편이 더 낫다고 본다.

영의미(zero seme)로 보는 방식을 인정할 경우, 모든 단어가 영의미를 이의미로 가질 가능성이 열린다는 부담이 발생된다.

다음으로, 〈집〉의 의미를 후행어 '집'이 담당한다고 보는 관점을 살펴보자. '초가집'에서 〈집〉의 의미를 후행어 '집'이 담당한다면, 이번에는 선행어 '초가'로부터 〈집〉의 의미가 소실되는 과정을 설명해 주어야 한다. 김정남(2007)에서는 동의 중복 현상의 원인이 의미 투명성 약화에 있다고 주장하였는데, 여기에 선행어의 의미 소실 과정에 대한 설명이 담겨 있어 살펴볼 만하다.

김정남(2007: 2)에서는 '의미 투명성'을 '복합어의 일부이든 단일어이든 막론하고 그 형태의 의미가 화자들에게 분명하게 인지되는 정도(김정남 2007: 2)'로 정의하고, 동의 중복 현상이 의미 투명성을 확보하려는 화자의 의지가 반영된 결과물이라 설명하였다. 다음은 김정남(2007)에 제시된 예를 옮긴 것이다.

(2) 의미 중복의 예(김정남 2007: 9)[60]
가. 외갓집, 역전앞, 새신랑
나. 대책안, 국제간, 학제간, 강의교안
다. 믹서기, 카트기, 커터기, 헬리콥터기
라. 시니컬하다, 원더풀하다

---

59) 이의미로서의 영의미를 설정할 수 있다는 아이디어는 지도해 주신 최호철 교수와 논의하는 과정에서 얻게 되었다.

60) 제시된 예 중 『표준』에서 표준어로 등재된 합성어는 '외갓집, 새신랑, 국제간, 시니컬하다'이다. '역전앞'은 '역전'의 비표준어로 등재되어 있다. 나머지 예들은 모두 선행어의 의미 투명성이 낮아진 예에 해당되고, '새신랑'은 반대로 후행어의 의미 투명성이 낮아진 예에 해당된다.

마. 거름필터

이 논의에서는 동의 중복 현상이 한자어와 고유어, 또는 외래어와 고유어의 통합에서 주로 발견된다는 점을 지적하고 있다. 하지만 이종 어휘의 결합을 의미 중복 현상의 필수적인 조건으로 보지는 않는다. 한자로만 구성된 단어에서도 동의 중복 현상이 발생할 수 있다는 점을 지적하고 있기 때문이다. 예를 들어 '국제간'은 한자로만 구성된 단어인데, '제(際)'의 의미가 불투명하여 같은 의미를 가지는 '간(間)'이 중복된 것이라는 설명이다.[61]

의미 투명성이 낮은 단어에 상대적으로 투명성이 높은 유의어를 더하여 합성어를 이루게 되는 것이라면, 합성어 내에서 해당 의미를 전달하는 형태는 투명성이 높은 단어가 될 것이다. 의미 투명성의 약화를 합성어 구성의 원인으로 본다는 것은 의미 투명성이 낮은 단어가 합성어 내에서 해당 의미를 전달하는 기능을 상실하였거나 아니면 적어도 제 기능을 충실히 하지 못한다고 것을 전제하기 때문이다. '제(際)'의 의미 투명성이 낮아서 같은 의미를 가지는 '간(間)'을 더해 '국제간'이 형성된 것이라는 설명을 받아들인다면, '국제간'에서 〈사이〉의 의미를 담당하는 요소는 '간(間)'이 된다. 그렇다면 '국제간'의 의미는

61) 김정남(2007: 10)에서는 '거름필터'를 의미 투명성이 낮은 고유어에 외래어가 결합된 것으로 분석하였다. '거름'이 순화어로서, 사용 역사가 짧으며 동음어까지 있기 때문에 의미 투명성이 더 낮다는 설명이다. 의미 투명성이 낮은 단어에 의미 투명성을 높이기 위해 유의어가 중복 결합하는 것이라면, '거름'에 '필터'가 결합한 것으로 분석될 것이다. 하지만 '거름망, 거름베, 거름종이' 등 많은 합성어가 발견되며, '거름'에 비해 '필터'가 더 많은 의미 성분을 가진 단어라는 점을 고려해 볼 때, 의미가 약화된 단어를 '필터'로 볼 가능성 역시 충분하다고 판단된다.

'국제'가 담당하는 의미 〈나라〉와 '간'이 담당하는 의미 〈사이〉로 분석될 것이다.

이 관점의 한계는 합성어 외에 의미 투명성 약화의 명확한 근거를 제시할 수 없다는 것이다. 의미 투명성 약화 현상과 동의 중복 합성어를 인과적으로 설명하기 위해서는 의미 투명성 약화 현상을 판단할 수 있는 별도의 증거를 제시해야 한다. 동의 중복 현상을 보이는 단어의 존재를 다시 의미 투명성 약화의 증거로 삼는 것은 순환적이기 때문이다.

'국제'는 '간'과 결합하지 않고도, 개별 어휘소로서 〈사이〉의 의미를 전달할 수 있다. '국제 금융'은 〈나라와 나라 사이의 자금 유통〉을 말하고, '국제 분쟁'은 〈나라와 나라 사이의 분쟁〉을 말한다. 그렇다면 '국제'의 의미 투명성 약화 현상이 '국제간'의 합성에 한해 한정적으로 일어났다고 보아야 할 것인데, 이는 증명하기 어려운 주장이다. 물론 의미 투명성 약화 현상으로 설명하기에 적합한 예들이 전혀 없는 것은 아니다.

(3) 가. 강철=강: 〈탄소의 함유량이 0.035~1.7%인 철〉
나. 가마솥=가마: 〈아주 크고 우묵한 솥〉
다. 새신랑=신랑①: 〈갓 결혼하였거나 결혼하는 남자〉

'강철'은 '초가집'과 마찬가지로 하의어인 선행어와 상의어인 후행어로 결합된 합성어이다. 그런데 '초가집'의 '초가'는 독립적인 어휘소로서 일상적으로 쓰이나, '강철'의 '강'은 그렇지 않아 차이를 보인다. 일상 언어에서 '강'의 의미 투명성이 확인되기 어렵다는 뜻이다. '가마솥'의 '가마'는 독립적인 어휘소로서의 쓰임이 전혀 없다고 말할 수는 없으나, '가마솥'에 비해 현대 국어에서의 사용 빈도가 현저히 낮은 것은 확실하다.[62] 이 역시 의미 투명성이 약화되고 있다는 근거로 삼을 만하다. '새신랑'의 '신랑'은 '갓'과 달리 무척 높은 빈도로 사용되는 단어이다. 그런데 갓 결혼한 부부뿐만 아니라 결혼한 지 오래된 부부의 남편 역시 '신랑'이라 불리는 경우가 많다. 이 역시 '신랑'에서 〈새로, 갓〉 등의 의미가 약화되었다는 증거가 될 수 있다.

그러나 비록 적기는 하지만 여전히 '가마'의 쓰임이 확인되며 '신랑'의 경우 약화되지 않은 의미로 사용되는 빈도도 매우 높아, 해당 합성어 내에서 각 형식을 통해 전달되는 의미가 약화된 것이라 단언하기에는 부담이 남는다. 의미 약화의 판단은 화자가 내리는 것으로 언어적 증거를 필수적으로 요구하지 않는다고 주장할 수도 있으나, 이와 같은 주장은 해결할 수 없는 더 큰 문제를 전제하게 된다. 이 논의에서는 의미 약화 현상을 합성어의 형성 원인으로 설명하고 있는데, 그렇다면 단어 사용 시기의 언어 자료가 아니라 단어 형성 시기의 사용자 인식을 살펴야 하기 때문이다.[63]

62) 사전에 따라 단어의 지위를 반영하여 뜻풀이를 달리하는 경우도 있다. '강철', '가마솥' 등의 의미는 풀어서 기술하고, '강'이나 '가마'는 동의어 정보만을 제시하는 방식이다. 『표준』도 초판에서는 이와 같은 방식을 사용하였으나, 최근 웹사전에서는 사전 이용자가 한 번의 검색으로 뜻풀이를 충분히 확인할 수 있도록 양측에서 모두 직접 풀이하는 방식을 사용하고 있다.

63) 예를 들어 가마솥의 최초 출현형은 17세기 문헌인 「가례언해(1632)」에서 발견된다. 최초 출현형의 발견 시기를 단어 형성 시기로 볼 수 없다는 문제를 차치하더라도 17세기 화자의 의미 인식을 확인해야 하는 쉽지 않은 문제가 남는다. 합성어의 출현 시기를 전후로 어기가 되는 단어의 출현 빈도가 달라지는 양상을 관찰할 수도 있겠으나, 빈도 추이는 의미 변화의 간접적인 증거이므로 문제가 해결되었다고 보기는 어렵다.

'초가집'의 의미 구조를 설명할 수 있는 합성어의 구성 성분이 공유하고 있는 공통 의미의 실현 형식을 변별하지 않는 것이다. 신희삼(2015: 83)에서는 '틈새'를 예로 들어 '경쟁 관계에 있는 두 단어가 합쳐진 것으로 보아야 한다. 이런 경우는 의미의 투명성을 위해 중복된 것이 아니라 의미가 비슷한 단어가 합해져서 새로운 하나의 단어를 형성했다고 보아야 한다'고 설명하였다.

'공통 의미의 통합'이라는 개념은 단순하지만 명쾌하다. 동의 중복 현상, 즉 동일하거나 유사한 의미를 가진 형식을 중복적으로 사용하는 일은 합성어뿐만 아니라 다양한 문법 단위에서 자주 발생된다. '의미 투명성 확보'와 같은 개념은 동의 중복이 필연적이고 필수적인 현상이라는 점을 전제로 한다. 이유가 있어서 발생되는 현상이라는 것이다. 유의어로 구성된 합성어의 존재가 처음 포착되었던 시기에는 이를 오류로까지 여기는 관점도 있었다. 목적이 없는 동의 중복 현상을 인정하지 않는 가장 극단적인 입장이다. 사전에서 '역전앞'을 '역전'의 비표준어로 등재하는 방식이 이 관점이 반영된 결과이다.

장광군(1993)에서 동의 중복 현상을 어휘 형성 원리의 하나로 보아야 한다고 주장한 이래, 이를 교정의 대상으로 다루는 연구들은 찾아보기 어렵다. 게다가 중복 현상이 어휘 의미의 보완만을 지향하고 있는 것도 아니다. 발화의 효율성을 높이기 위해,[64] 더 나아가 그와 같은 전략

64) 신희삼(2015: 81-82)에서 동의 중복 현상과 같은 잉여 현상이 의사소통의 효율성을 높여주는 긍정적 기능을 한다는 점을 지적하기도 하였다. 실제 의사소통 상황에서 반복을 통해 얻게 되는 효과는 더욱 다양하다. 조위수(2010: 15)에서는 반복을 '효과적으로 정보를 전달하고 대화자 간의 협력 관계를 유지하여 대화의 흐름을 진행시키는 기술'로 보고, 한국어 모어 화자의 대화에서 반복을 통해 얻게 되는 기능을 본인 반복의 기능(강조, 확인, 화제 도입, 화제 진행, 확언, 강화, 시간 벌기, 나열, 발화 수정, 맞장구, 청자

적 계산조차 없이 사용되는 경우도 많기 때문이다.

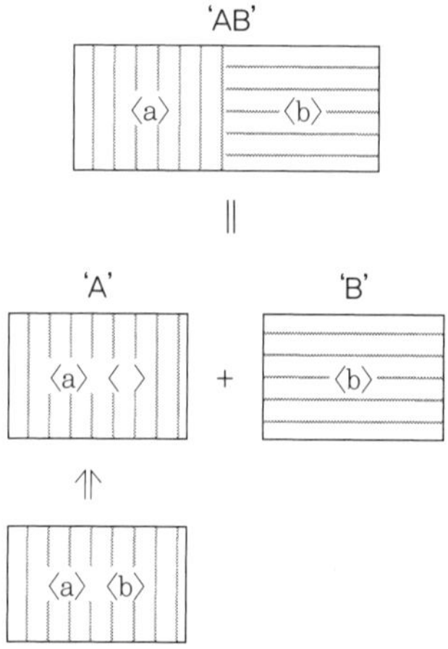

〈그림 5〉 공통 의미의 약화 및 소실

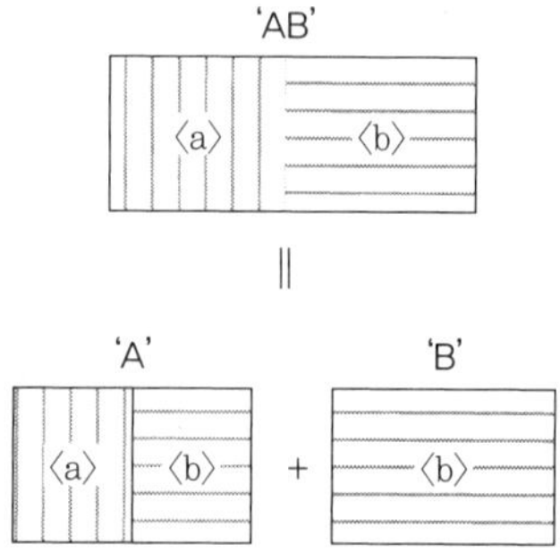

〈그림 6〉 공통 의미의 통합

위의 그림은 '초가집'과 같은 조어 의미 부재형의 의미 구조를 공통 의미가 약화되거나 소실된 것으로 보는 방식과 공통 의미가 통합된 것으로 보는 방식으로 나누어 도식화한 것이다. 대부분의 조어 의미 부재형은 공통 의미가 통합된 것으로 분석된다. 하나의 어기로부터 공통 의미가 약화되거나 소실된 것으로 분석되는 경우도 일부 발견되나, 이와 같은 분석은 의미의 소실이나 약화의 분명한 증거를 제시할 수 있는 경우에 한정적으로 적용해야 한다.

신호, 농담조 대화 연결)과 타인 반복의 기능(반대, 확인, 시간 벌기, 화제 도입, 발화 기회 차지, 동의, 전염, 대화 진행, 화제 연결)으로 나누어 살폈다.

3.2. 조어 의미 부재형 합성어의 어기 관계 유형

조어 의미 부재형 합성어는 공통 의미가 통합되는 방식으로 구성되므로, 공통 의미가 확인되는 단어들만이 조어 의미 부재형 합성어의 어기가 될 수 있다. 조어 의미 부재형 합성어를 이루는 어기들이 맺고 있는 의미 관계는 '상하 관계', '전체-부분 관계', '유의 관계' 셋으로 나뉜다. 먼저 상하 관계를 맺고 있는 어기들로 구성된 조어 의미 부재형 합성어의 예부터 살펴보자.

(4) 가. 가마솥, 갈비뼈, 고깔모자, 국화꽃, 그물망, 농사일, 생일날, 초가집
나. 길거리, 꽃봉오리

(4가)는 하의어-상의어의 순서로 결합된 합성어이다. '갈비'는 〈등뼈와 복장뼈에 붙어 가슴의 골격을 이루는 활 모양의 긴 뼈대〉를[65] 의미하는 단어로 '뼈'의 하의어이다.[66] '갈비'와 '뼈'의 공통 의미 〈뼈〉는

65) 『표준』에는 '갈비'의 의미를 다음 두 가지로만 기술하고 있다. 제시된 의미는 『고려대』의 풀이를 옮긴 것이다.
「1」 소나 돼지, 닭 따위의 가슴통을 이루는 좌우 열두 개의 굽은 뼈와 살을 식용으로 이르는 말. ¶갈비를 굽다/갈비를 뜯다.
「2」=갈비씨(몸이 야위어 뼈만 남은 것같이 마른 사람을 놀림조로 이르는 말).
그러나 '갈비에 금이 가다, 갈비가 부러지다'와 같은 문장이 일상적으로 사용되므로 해당 의미를 인정하여야 한다고 판단하였다.

66) 의미 성분 분석 이론의 설명 방식을 이용하면 상의어와 하의어의 의미 관계가 보다 분명하게 드러난다. 하위어는 상위어에 비해 더 많은 의미 성분을 갖는다. 더 정확히는 상위어의 의미 성분을 모두 이어받고, 거기에 하나 이상의 의미 성분을 더 가져, 상위어에 비해 보다 구체적이고 특수한 의미를 가지게 된다(임지룡 1992: 151-152). 상의어의 의미를 〈X〉라고 한다면 하의어의 의미는 〈X+a〉로 표현할 수 있다.

하나로 통합되어 '갈비뼈'에서는 중복 실현되지 않는다. 그 결과 '갈비뼈'는 선행어 '갈비'와 동일한 의미를 가진다.

(4나)는 상의어-하의어의 순서로 결합된 합성어이다. '거리'는 〈사람이나 차가 많이 다니는 길〉을 의미하는 단어로 '길'의 하의어이다. '갈비뼈'와 마찬가지로 두 구성 성분의 공통 의미는 하나로 통합되어 중복 실현되지 않으며, 그 결과 '길거리'는 후행어 '거리'와 동일한 의미를 가진다. 상의어가 후행하는 합성어에 비해, 하의어가 후행하는 합성어는 예가 극히 적다. 상의어와 하의어가 결합된 합성어는 결합 순서와 상관없이 하의어와 동일한 의미를 가진다.

(5) 몸보신, 속내의, 술주정

(5)는 후행어의 의미 중 일부에 해당하는 의미를 가지는 선행어와, 후행어가 결합된 합성어이다. 이와 같은 관계만을 구분하여 지칭하는 별도의 용어는 없으나, 전체-부분 관계로 분류하는 것이 가장 적합해 보인다. '얼굴'과 '코', '피아노'와 '건반'처럼 우리가 전체-부분 관계의 예로 가장 쉽게 떠올리는 전형적인 예들은 대부분 구체물이다. Winston et al(1987: 421-426)에서는 전체-부분 관계를 'component-integral object(손잡이-컵)', 'member-collection(나무-숲)', 'portion-mass(조각-파이)', 'stuff-object(강철-자동차)', 'feature-activity(지불-쇼핑)', 'place -area(오아시스-사막)'의 여섯 가지로 나누었는데 재료와 물체(stuff- object), 사건의 국면과 사건(feature-activity) 등도 포함하여 전체-부분 관계의 범주를 확장하였다. 본고에서는 이를 단어와 해당 단어의 의미 성분을 지시하는 단어까지로 한 걸음 더 확장하였다.

'보신'의 의미는 〈보약 따위를 먹어 몸의 영양을 보충함〉로, 이미 '몸'에 해당되는 의미를 가지고 있다.[67] 두 구성 성분이 공통으로 가지고 있는 의미 〈몸〉은 중복 실현되지 않으며, 그 결과 '몸보신'은 '보신'과 동일한 의미를 가지게 된다. '속내의, 술주정' 역시 마찬가지이다.

(6) 그물망, 애간장, 틈새, 흉허물

(7) 가. 애: 〈초조한 마음속〉
나. 간장: 〈'애'나 '마음'을 비유적으로 이르는 말〉
다. 애간장: 〈'애'를 강조하여 이르는 말〉[68]

(6)는 유의 관계를 맺고 있는 두 단어가 결합된 합성어이다. (7)은 『표준』에서 '애, 간장, 애간장'의 풀이를 옮긴 것이다. '애'는 15세기에는 〈창자〉를 뜻하는 단어였으나,[69] 현대 국어에서는 '애가 끓다/타다, 애를 끓이다/태우다'의 구성에서 쓰여 〈초조한 마음속〉의 의미로 쓰인다. 현대 국어에서는 파생된 의미만 사용되고 있는 것이다. '간장'은 〈간과 창자〉라는 축자적 의미도 전달할 수 있으나, '간장이 녹다, 간장

---

67) 사건과 사건 참여자의 관계와 구분되는 지점이다. '몸을 지키다'에서 '몸'은 '지키다'와 전체-부분 관계를 맺지 못한다. '몸'은 '지키다'의 의미 실현 문맥을 형성하는 요소이지만, 그 자체로 '지키다'의 의미 성분이라 할 수는 없다.

68) '애'나 '간장'을 사용할 때와 달리 '애간장'을 사용할 때 강조의 의미가 드러난다고 보기 어렵다. 그럼에도 사전에서 이와 같은 풀이를 사용하는 것은, 동일한 의미를 가지는 두 단어가 특별한 목적 없이 결합하는 현상을 문법적 오류로 보는 관점이 반영된 결과로 보인다.

69) 것근 소리를 能히 ᄒᆞᆫ 번 ᄠᅥᆯ티니 ᄇᆞᄅᆞ게 머근 애ᄂᆞᆫ ᄒᆞ마 다 들워 디도다. 〈분류두공부시언해(초간본)(1481) 17:7〉

을 태우다'와 같은 구성으로 쓰여 '애'와 동일한 파생 의미를 나타내기도 한다. '애간장'의 의미는 '애'와 '간장'의 파생 의미가 결합된 것으로 동의 관계의 두 의미가 통합된 것이다.[70]

이민우(2014)에서는 '걱정근심'과[71] '흉허물'의 예를 들어 '유사한 의미 범주들을 부분으로 통합함으로써 한정된 영역이 전체를 의미'한다고 주장하였다. '걱정근심'이 〈우환〉의 의미를 포괄하며, '흉허물'은 〈잘못〉의 의미를 포괄한다는 설명이다. 나은미(2007)에서도 이와 같은 단어들이 '구성 성분의 상위 범주를 표상하는 경향이 있으며, 추상화되는 경향이 있다'고 설명하고, 이들을 모두 융합 합성어로 분류하였다.

하지만 이 주장이 설득력을 얻기 위해서는 '흉'과 '허물'의 의미를 아우르는 전체의 의미가 이민우(2014)의 주장대로 〈잘못〉이 맞는 것인가 따져 보아야 한다. '잘못'은 행위주의 행위를 전제한 한정적인 의미를 가지나 '흉'과 '허물'은 행위주의 행위와 무관한 '결점'까지 포괄하는 개념이어서 오히려 '잘못'이 '흉'과 '허물'의 하위어라고 볼 수도 있기 때문이다. 여기서 중요한 것은 '흉, 허물, 잘못'과 같은 단어들은 상하 관계를 분명히 파악하기 어려우며, 더 나아가 유의어로 구성된 합성어가 어기의 상위 개념을 의미한다는 주장 역시 설득력을 갖기 어렵다는 점이다.

---

70) 최형용(2014)에서는 '담장, 뼛골, 몸체' 등도 유의 관계 합성어로 함께 다루고 있다. 그러나 '담장'의 '장(牆)'이나 '몸체'의 '체(體)'는 현대 국어에서 독립적으로 쓰이지 못하므로, 공시적인 분석이 불가능하다. 적어도 현대 국어에서는 유의 관계를 맺는 합성명사의 예로 볼 수 없다는 것이다. 또한 '뼛골'의 '골'은 뼈를 뜻하는 '골(骨)'이 아니라 골수를 뜻하는 고유어 '골'이므로 유의 관계가 아니라 전체-부분 관계로 보아야 한다.

71) '걱정근심'은 대부분의 사전에 표제어로 등재되어 있지 않다. 그러나 일상 언어에서 '걱정근심', 또는 '근심걱정'의 형태로 붙여 쓴 예들이 많이 발견된다. 실재어이기는 하지만 정착어의 지위는 부여받지 못한 것이다.

이와 같은 주장은 합성어라면 명사구 이상의 의미를 가져야 한다는 부담에서 기인된 것이라 생각된다. 하지만 우리가 일상적으로 사용하는 단어들이 동일한 의미를 가지는 다른 형식, 즉 유의어를 가지고 있다는 점을 생각하면 이는 전혀 부담스러운 일이 아니다. 언어가 경제성을 가진 표현 수단이라는 것을 전면적으로 부인하는 것은 아니나. 하지만 생성된 시기가 다르고, 사용량이 다른 수많은 단어들이 모두 각자의 변별적인 의미 영역을 가질 수는 없다.

합성어의 경우 어기와 합성어의 형태가 서로 겹치기 때문에 단어 간의 의미를 변별하고자 하는 의지가 더욱 강해지는 것으로 보인다. 하지만 '흙허물'이나 '애간장'처럼 추가적인 의미 없이 오로지 어기의 의미만으로 구성된 합성어가 엄연히 존재한다는 사실을 인정해야 한다. 어기와 합성어의 의미가 일치하는 경우, 즉 조어 의미의 개입이 전혀 없는 합성어의 합성적 의미를 받아들여야 한다는 것이다.

4장
문법적 조어 의미의 개재 방식

이 장에서는 문법적 조어 의미가 합성적 의미에 개재되어 있는 방식을 살핀다. 문법적 조어 의미는 두 어기가 맺고 있는 문법적 관계를 말한다. 합성어 내에서 어기가 서로 맺을 수 있는 문법적 관계는 대등 관계와 종속 관계로 나눌 수 있다.

최현배(1937: 667-684)에서는 어기의 지위를 '주장'과 '딸림'으로 나누어, '가진겹씨'의 어기들이 맺는 관계를 '두 씨 가운데 하나는 주장이 되고 다른 하나는 딸림이 되는 관계'로 풀이하였는데, 이때 '가진겹씨'를 구성하는 '딸림-주장의 관계'가 바로 종속 관계에 해당된다. 종속 관계를 나타내는 용어로는, 종속 관계와 수식 관계(한정 관계)가 비슷한 빈도로 사용된다. 수식 관계는 선행어의 기능에 초점을 둔 용어이므로, 본고에서는 두 어기의 관계에 초점을 둔 용어인 종속 관계를 사용한다.

대등 관계는 최현배(1937)의 용어를 이용하면 '주장-주장의 관계'로 표현할 수 있다. 대등 관계로 구성된 명사구를 '비관형 구성'이라고 부르는 방식도 발견된다(김성환 2004). '비관형 구성'은 어기가 맺고 있는 관계를 반영하지 못하는 용어일뿐만 아니라, 선행어나 후행어의 기능을 직접적으로 명시한 용어도 아니므로 수용하지 않았다.

4.1. 대등 관계의 문법적 조어 의미

대등 관계란 결합체를 이루고 있는 두 구성 성분이 의미를 기준으로 동등한 지위를 맺고 있는 상태를 말한다. 대등 관계의 문법적 조어 의미는 두 어기의 의미를 동등한 지위로 연결하므로, 둘 중 어느 하나가 단어 전체를 지배한다고 말할 수 없다. 각 어기의 의미는 각자의 의미적 경계를 유지하며 문법적 조어 의미와 결합하여 합성어의 의미를 구성한다.[72)]

대등 관계의 문법적 조어 의미는 두 어기가 반의 관계, 비양립 관계를 맺고 있거나, 하나의 어기가 반복적으로 결합된 합성어에서 확인된다. 먼저 두 개의 반의어와 대등 관계의 문법적 조어 의미로 구성된 합성어의 예부터 살펴보자.

---

72) Bloomfield(1933)에서 합성어를 내심((endocentric) 합성어와 외심(exocentric) 합성어로 나눈 이래, 언어 결합체의 핵성에 대한 논의가 제기되었다. 그런데 대등 합성어는 핵성을 기준으로 하는 분류에서 문제가 된다. 핵성이란 결합체의 두 구성 성분이 비대칭적인 관계를 맺고 있다는 것을 전제로 설정된 속성이기 때문이다. 대등 합성어의 경우 두 대상이 의미적으로 동등한 지위를 가지고 있기 때문에 둘 중 하나를 핵으로 지목하는 것이 애초에 불가능하다. 하지만 대등 합성어를 내심 합성어나 외심 합성어 중 하나로 부류화하려는 노력은 지속되고 있다. Fabb(1998), Bisetto & Scalise(2005: 234) 등에서는 대등 합성어가 두 개의 핵을 가진 내심 합성어로 간주한다. 이와 달리 Haspelmath(2002: 89)는 핵이 두 개라는 것은 핵이 하나도 없는 것과 같다고 주장하고, 이를 외심 합성어로 본다. 또한 두 구성 성분이 맺고 있는 통사적 관계에 주목하는 논의들에서는 합성어가 후행 성분과 동일한 형태적 지위를 가지므로 이들을 내심 구조의 합성어로 분류하기도 한다.

(1) 가. 가로세로: 〈가로와 세로를 아울러 이르는 말〉

¶ 정사각형은 가로세로의 길이가 똑같다.

나. 남녀, 밤낮, 아들딸

다. 위아래, 좌우

'가로세로'는 반의어로 구성된 합성어이다. 그 의미는 〈가로와 세로〉인데, '가로'와 '세로'의 의미에, 두 단어가 맺고 있는 대등한 문법적 관계, 즉 문법적 조어 의미가 더해져 구성된 합성적 의미이다. 반의 관계는 상보 반의어, 등급 반의어, 관계 반의어로 나눌 수 있다. (1나)는 상보 반의어의 쌍으로 구성된 합성어이고, (1다)는 관계 반의어의 쌍으로 구성된 합성어이다. 등급 반의어의 쌍으로 구성된 합성어의 예는 찾기 어렵다.[73)]

반의 관계를 맺는 어기들로 구성된 합성어가, 두 어기가 포함된 특정 영역 전체를 지칭하는 경향성이 있다고 보는 견해들이 있다. 예를 들어 '남녀'의 의미를 〈인간〉으로, '밤낮'의 의미를 〈하루〉로 보는 방식이다. 이는 단어의 의미를 단어가 실제 세계에서 가리키는 지시체와 동일한 것으로 보았을 때 가능한 분석이다.[74)]

---

73) '높낮이'와 같은 경우 '높이'와 '낮이'의 결합으로 볼 수 있으나, '낮이'는 개별적인 쓰임을 가지지 않는다. '높다', '낮다'와 같은 등급 반의어의 경우, 두 단어 중 보다 무표적인 단어만 명사화하는 경향성이 있기 때문이다. '춥다', '덥다'의 경우 두 단어 모두 '추위'와 '더위'로 명사화될 수 있는데, 웹상에서 '추더위에 강하다'나 '추더위를 견디다'와 같은 쓰임이 발견되기도 한다.

74) 단어의 의미를 그 단어가 가리키는 지시체와 동일하게 보는 관점을 '지시설'이라고 한다. 지시설은 지시물을 지시할 수 없는 많은 단어들을 설명할 수 없으며, 하나의 지시물에 대한 복수의 언어 표현이 존재하는 경우 그 의미 차이를 설명해 줄 수 없다는 한계를 가진다.

(2) 가. 이번 경기에는 20세 이상의 성인 남녀라면 누구든지 참가하실 수 있습니다.
나. 한 쌍의 남녀가 다정히 손을 잡고 걷고 있다.

'남녀'의 의미가 〈인간〉이라는 설명은 '남녀'와 '인간' 또는 '사람'이 동의어라는 설명과 같다. 하지만 위 문장에서 '남녀'를 '인간'이나 '사람'으로 교체하는 것은 불가능하다. 문체적 차이까지 모두 동일한, 즉 모든 맥락에서 교체 가능한 절대 동의어는 사실상 거의 존재하지 않으므로 이 역시 그에 해당되는 것인 아닌가 의심할 수 있다. 하지만 '남녀'와 '인간'의 의미 차이는 문체적인 것이 아니다. '남녀'는 '남'과 '여'가 가진 의미의 독립성이 유지된 채 결합되기 때문에 복수의 의미를 전제한다. 하지만 '인간'이나 '사람'은 집합뿐만 아니라, 해당 집합에 속하는 하나의 원소만을 의미할 수도 있다. 개체적 의미와 총칭적 의미를 모두 가지고 있다는 것이다. 즉 '남녀'와 '인간'이 가리키는 지시체는 서로 다르며, 그 의미 역시 다르다.

이와 같은 주장은 상보적 반의 관계의 특성으로부터 추론된 것이라 짐작된다. 상보적 반의 관계를 맺는 단어는 상위어의 의미 영역을 양분한 범위를 각각 나누어 가진다. 이를 다시 나란히 연결하면 형태뿐만 아니라 의미 역시 단순 결합값으로 수렴될 것이라 생각했을 것이다. 하지만 '인간/사람'과 '남녀'의 예를 통해 살펴보았듯이 상위어의 의미와 반의 관계의 하위어로 구성된 합성어의 의미는 일치하지 않을 수 있다. '위'와 '아래'를 결합한 합성어 '위아래'는 존재하지만, 그에 대응되는 상위 단일어가 존재하지 않는다는 것도 흥미로운 점이다.

물론 반의 관계의 하위어로 구성된 합성어가 상위 범주에 해당되는 의미를 가질 수 있다. 하지만 이는 하위어로 구성된 합성어의 합성적 의미가 아니라, 비합성적 의미에 해당된다. 합성이 완료된 뒤 생성된 의미인 것이다.

(3) 가. 좌우(01-1): 〈왼쪽과 오른쪽을 아울러 이르는 말〉
¶ 파도에 여객선이 좌우로 흔들린다.
나. 좌우(01-2): 〈옆이나 곁 또는 주변〉
¶ 두리번두리번 좌우를 살펴보다.

'좌우'는 다의를 가진 단어인데, (3가)는 '좌'와 '우'의 의미에 대등한 문법적 관계가 더해져 구성된 합성적 의미이다. 앞서 살펴본 '남녀'와 동일한 구성이라고 할 수 있다. 그런데 '좌우'는 (3나)처럼 단순히 오른쪽과 왼쪽뿐만 아니라 어떤 대상의 주변 전체를 의미할 수도 있다. (3나)의 용례에서는 '좌우'를 '주위'로 교체하는 것 역시 자연스럽다. 이는 부분으로 전체를 대신하는 환유의 한 유형으로[75] (3나)는 (3가)로부터 환유를 통해 파생된 의미이다.

---

75) Lakoff & Johnson(1980: 38-39)에서는 환유의 유형을 다음과 같이 나누었다.
가. 부분으로 전체를 대신함: We don't hire longhair. (우리는 장발은 고용하지 않는다.)
나. 생산자로 생산품을 대신함: He bought a Ford. (그는 포드를 샀다.)
다. 사용되는 물건으로 사용자를 대신함: The buses are on strike. (버스는 파업 중이다.)
라. 통제자로 피통제자를 대신함: Nixon bombed hanoi. (닉슨은 하노이를 공격했다.)
마. 기관으로 책임자를 대신함: The Army wants to reinstitute the draft. (육군은 징병 제도를 다시 도입하기를 원한다.)
바. 장소로 기관을 대신함: Washington is insensitive to the needs of the people. (워싱턴은 국민의 필요에 무감각하다.)
사. 장소로 사건을 대신함: Watergate changed our politics. (워터게이트는 우리의 정치를 변화시켰다.)

여기서 우리는 환유가 반의어로 구성된 모든 합성어에서 나타나는 현상이 아니며, 더불어 합성어에서만 나타나는 특별한 현상도 아니라는 점을 기억해야 한다. 환유적인 쓰임을 갖는 단일어도 있고 그렇지 않은 단일어도 있듯이, 합성어 역시 환유적 쓰임을 가질 수도 그렇지 않을 수도 있다. 환유를 통한 의미 파생 현상을 특정 구성의 합성어 전체가 가지는 경향성으로 확대해석해서는 안 된다.

(4) 가. 개돼지(1): 〈개와 돼지를 아울러 이르는 말〉
¶ 몇 년씩 밥을 얻어먹고 살았으면, 개돼지라도 주인은 알아보는 법이다.
나. 공존공영, 논밭, 무병장수, 봄가을, 손발

(4)는 비양립 관계를 맺고 있는 단어들로 구성된 합성어이다. '개돼지'의 의미는 〈개와 돼지〉로 두 어기의 의미에, 문법적 조어 의미가 더해진 것으로 분석된다. '남녀'와 마찬가지로 두 단어가 맺고 있는 문법적 지위는 대등하다.

비양립 관계의 단어로 구성된 합성어 역시, 상위 범주를 의미하는 경향이 있다고 보는 견해들이 있다. 신희삼(2015)에서는 '논밭'이 대등 합성어로서의 의미 〈논과 밭〉뿐만 아니라 〈농토, 재산〉을 의미하는 융합 합성어로서의 의미도 역시 가진다고 보았다. 하지만 '논밭'으로 표현할 수 있는 재산은 일반적으로 논과 밭에 한정되며 재산 전체를 가리키는 의미를 인정한다고 해도, 이 역시 합성이 완료된 뒤 환유에 의해 형성된 비합성적 의미이며 정착 의미의 지위까지는 가지지 않는 것으로 보인다. 환유를 통한 비합성적 의미의 생성은 규칙적으로 일어날 수 있으나 해당 의미가 정착 의미로의 지위를 부여받는 것은 단어 개별적인 문제이다. 다음은 환유를 통해 생성된 비합성적 의미까지 정착 의미로 인정받아 널리 사용되는 단어의 예이다.

(5) 가. 강산(01-1): 〈강과 산이라는 뜻으로, 자연의 경치를 이르는 말〉
¶ 아름다운 강산.
나. 강산(01-2): 〈나라의 영토를 이르는 말〉
¶ 남의 땅으로 쫓겨 간 사람이 부지기수인데 이 불운한 강산 거리거리에 거지들이 떼 지어 방황하고 있는 것인가?

'강산'은 사전에 위와 같이 두 개의 단의를 가진 다의어로 기술되어 있다. 그런데 (5가)에는 〈강과 산〉과 〈자연의 경치〉라는 별개의 의미가 나열되어 있어 사실 〈나라의 영토〉까지 고려하면 세 개의 이미로 기술되어 있는 셈이다. 이 중 〈강과 산〉은 어기의 의미와 문법적 조어 의미로 구성된 합성적 의미에 해당된다. 〈자연의 경치〉와 〈나라의 영토〉는 〈강과 산〉으로부터 환유의 방식으로 추론된 비합성적 의미이다.

다시 한 번 강조해야 할 것은 이와 같은 파생 의미가 비양립 관계를 맺고 있는 어기로 구성된 합성어 전체가 규칙적으로 가지는 의미가 아니라는 점이다. 이억의 유명한 시 '빼앗긴 들에도 봄은 오는가.'에서 단일어 '들'은 〈국토〉, 더 나아가 〈조국〉이라는 환유적 의미로 사용된다. 합성과 환유적 의미 파생 사이에는 인과 관계가 성립되지 않는다. 재미있는 사실은 환유가 단어의 형태 구성을 가리지 않고 일어나는 현상임에도 불구하고 연구자들이나 사전 편집자들이 합성어의 환유적 용법을 단일어의 그것보다 더욱 민감하게 느끼고, 적극적으로 사전에 기술한다는 점이다. 이는 형태적으로 동일한, 명사구와 합성어를 변별하고자 하는 의도가 반영된 결과라고 생각한다. 동일한 형태의 명사구를 상정할 수 있는 언어 형식에 합성어의 지위를 부여하여 사전에 등재하기 위해, 단일어에 비해 의미와 용법을 더욱 세밀하게 분석하고 그 결과를 보다 적극적으로 수용하여 기술했다는 것이다.

지금까지는 환유가 합성어의 층위에서 일어난 예만을 보았는데 어기의 층위에서 생성된 환유의 의미가 결합되어 합성어의 합성적 의미를 구성하는 경우도 있다.

(6) 가. 총칼(1): 〈총과 칼을 아울러 이르는 말〉

¶ 주재소 순사들은 수갑과 총칼을 들고 마을 사람들을 무작위로 연행하였다.

나. 총칼(2): 〈무력을 비유적으로 이르는 말〉

¶ 군사 정부는 국민의 민주화 요구를 총칼로 위협하였다.

(6가)뿐만 아니라 환유적 의미로 기술된 (6나) 역시 합성적 의미에 해당된다. 〈무력〉은 합성어 '총칼'뿐만 아니라 각각의 어기를 독립적으로 사용할 때에도 생성될 수 있는 환유 의미이다. 단일어 '총'이나 '칼'을 〈무력〉의 의미로 사용한 예를 찾기는 어렵지 않으며, (6나)이 용례 역시 '총칼'을 '총'이나 '칼'로 바꾸어도 전달되는 의미는 동일하다. '좌'나 '우'가 단독으로 쓰여 〈주의〉의 의미를 전달하지 못하는 것과 비교하면 차이가 명확히 이해될 것이다.[76] (6가)와 (6나)는 모두 합성적 의미이나 (6가)는 조어 의미 개재형에 속하고 (6나)는 조어 의미

부재형에 속한다.

두 어기가 반의 관계를 맺을 경우, 두 어기의 의미는 예외 없이 대등 관계로 연결되어 합성어의 의미를 이루게 된다. 하지만 이와 달리, 두 어기가 비양립 관계를 맺게 될 경우, 두 어기는 대등 관계로 연결될 수도 있고, 종속 관계로 연결될 수도 있나.

(7) 가. 총검(1): 〈총과 칼을 아울러 이르는 말〉
¶ 총검으로 무장한 반란군들이 마을을 공격했다.
나. 총검(3): 〈=대검(03-2: 가까운 거리에 있는 적과 싸울 때 소총에 꽂아 쓰는 작은 칼〉
¶ 곤봉이 없을 경우엔 총의 개머리판으로 이용할 수도 있는데 가장 간단한 것은 총검으로 단숨에 등을 찌르는 방법이다.

'총검'은 (7가)처럼 〈총과 칼〉의 의미를 나타낼 수도, (7나)처럼 〈총에 꽂아서 쓰는 칼〉의 의미를 나타낼 수도 있다. 〈총과 칼〉은 두 어기의 의미가 대등 관계의 문법적 조어 의미로 연결된 의미이고, 〈총에 꽂아서 쓰는 칼〉은 두 어기의 의미가 종속 관계의 문법적 조어 의미로 연결된 의미이다.

76) 이때 〈무력〉의 의미로 환유된 '총'과 '칼'은 비양립 관계가 아니라 유의 관계로 보아야 한다. 이민우(2014)에서는 '개돼지', '피땀'이 대립적으로 선택된 것이 아니므로 동의적 관계로 보아야 한다고 주장하고 두 어기가 동의 관계를 맺는 것으로 설명하였다. '대립적으로 선택된 것이 아니라면 동의적 관계로 보아야 한다'는 기술이 의미하는 바가 정확히 무엇인지 파악할 수 없으나 '개'와 '돼지'가 환유적 의미로 〈짐승〉의 의미를 가지고 있다고 본 것이거나, '피'나 '땀'이 환유적 의미로 〈노력〉의 의미를 가지고 있다고 본 것이라면 동의할 수 있는 분석이다. 한 쌍의 유의어가 공통 의미의 통합을 거쳐 합성어를 구성하는 방식에 대한 구체적인 논의는 3.2절 참조.

동일한 어기로 구성된 합성어가 대등 관계의 문법적 조어 의미와 종속 관계의 문법적 조어 의미를 모두 가질 수 있다는 것은, 최소한 합성어의 구성에서는 비양립 관계가 고정된 정보가 아니라는 것을 보여 준다. 반의 관계는 두 단어가 놓인 맥락에 상관 없이 일관되게 인식된다. 하지만 비양립 관계는 두 단어가 놓인 맥락에 따라 화자에게 인식될 수도 있고 그렇지 않을 수도 있다. 비양립 관계로 판단할 수 있는 두 어기가 종속 관계를 맺으며 합성어를 이룬 예는 식물명이나 동물명에서 자주 발견된다. '멸치고래'는 〈멸치와 고래〉를 의미하는 단어가 아니라 고래의 한 종류를 가리키는 단어이다. '고추냉이, 대추야자' 역시 마찬가지이다. '호박고구마'나 '애플망고'와 같이 신품종의 농작물에 이와 같은 합성어를 붙이는 일이 잦다.[77]

마지막으로 하나의 어기가 반복적으로 결합된 합성어에서 발견되는 대등 관계의 문법적 조어 의미를 살펴보자. 동일 형태의 반복을 통해 생성된 합성어를 반복 합성어라고 한다.[78]

(8) 가. 남남: 〈서로 아무런 관계가 없는 남과 남〉

¶ 부부는 헤어지면 남남이다.

---

77) '호박고구마'와 '애플망고'는 아직 표준어의 지위를 얻지 못해 『표준』에는 등재되지 않았으나, 사용 빈도는 무척 높다.

78) 중첩어(반복어, 첩어) 등은 반복 합성어의 상위 개념이다. 형태의 반복이라는 특성만 가지고 있으면 모두 중첩어에 속하기 때문이다. 박종후(2013)에서는 형태적 구성 방식에 따라 중첩을 전체 중첩, 부분 중첩, 개재 중첩(검디검다, 기나길다, 멀고멀다)으로 나누었다. 전체 중첩은 동음 중첩(곳곳, 거리거리)과 유음 중첩(싱숭생숭, 오순도순)으로, 부분 중첩은 어두 중첩(개개인, 더더구나, 히히덕)과 어말 중첩(부르르, 에구구, 핑그르르)으로 더 나뉜다.

나. 반반: 〈무엇을 절반으로 나누어서 가른 각각의 몫〉
¶ 교실에 앉은 학생들의 남녀 비율은 반반이다.

'남남'에서 '남'의 의미는 〈아무런 관계가 없거나 관계를 끊은 사람〉이다.[79] 이를 고려하여 '남남'의 의미를 간략하게 정리하면 〈남과 남〉으로 기술할 수 있다. '반반' 역시 〈반과 반〉으로 정리할 수 있다. 이 두 단어의 의미는 어기의 의미와 대등 관계의 문법적 조어 의미로 분석된다. 위 예들은 어기의 의미 관계만을 따지면, 동의가 결합된 것으로 볼 수 있다.[80]

중첩을 통해 생성된 합성어는 어기의 의미와 대등 관계의 문법적 조어 의미로 구성된 합성적 의미를 가진다. 이 역시 의미 파생을 거쳐 다양한 비합성적 의미를 가지는데 이에 대한 연구는 무척 활발한 편이다. 이 연구들은 중첩을 통해 실현되는 추가 의미들이 한 단어의 다의처럼 서로 연관되어 있음을 지적하고 이를 규칙화하고자 한다. 예를 들어 중첩어가 가지는 복수의 의미를, 백미현(2002)에서는 집단적 복수, 분산적 복수, 누적적 복수로, 김양진·정연주(2010)에서는 복수1(다수), 복수2(전체), 복수성의 강조로 세분하는 식이다.

---

79) '남'은 위 의미 외에, 〈자기 이외의 다른 사람: 나보다 남을 먼저 생각하다〉와 〈일가가 아닌 사람: 부모가 남이냐?〉의 의미도 가진다.

80) '남남'과 '반반'을 제외하고는 중첩어가 〈N과 N〉의 의미, 즉 양수(兩數)의 의미만을 갖는 경우는 매우 드물다. 대부분의 중첩어는 복수(複數)의 의미 〈여러 N〉을 가진다. 김양진·정연주(2010)에서는 '남남'과 '반반'이 대부분의 중첩어와 다른 의미를 가진다는 점에 주목하여 이들을 유사 중첩으로 구분하였다. 이 논의에서는 '사람사람'과 같이 복수의 의미를 가지는 중첩어가 영접두사와 어기의 결합으로 구성된 파생어이며, 선행어는 파생의 과정에서 생성된 복제형(copy-form)으로 어휘적 의미가 없다고 설명하였다. 완전 중첩어가 가지는 복수의 의미는 영접두사의 의미라고 보는 것이다.

지금까지 대등 관계의 문법적 조어 의미가 실현되는 양상을 확인하였다. 대등 관계의 문법적 조어 의미는 두 어기가 반의 관계, 비양립 관계를 맺고 있거나 하나의 어기가 반복적으로 결합된 합성어에서 발견된다. 전자의 경우 합성어들이 어기들의 상위 범주에 해당되는 의미를 갖는다는 주장이 있으나, 상위 범주로의 환유적 파생 의미가 합성어의 의미로 수렴되는 과정은 단어 개별적이며 이를 합성을 통해 형성된 합성적 의미로 볼 수는 없다는 점을 거듭 강조하였다.

4.2. 종속 관계의 문법적 조어 의미

종속 관계란 결합체를 이루고 있는 두 구성 성분 중 하나가 다른 하나에 의미적으로 딸려 있는 상태를 말한다. 종속 관계의 문법적 조어 의미는 두 어기가 가진 의미를 종속적으로 연결해 주는 의미의 구성 요소이다. 종속 관계로 맺어진 합성어에서 의미적 중심은 후행어에 놓이며, 합성어의 의미 범주는 후행어로부터 계승된다. 다만 선행어가 후행어의 의미를 한정하기 때문에 합성어는 후행 명사의 하위 범주에 속하게 된다.[81)]

합성어의 구성 성분이 별개의 어휘로서 의미적 종속 관계를 맺는다는 것과, 합성어 내에서 종속 관계로 결합되어 있다는 것은 구분되어

---

81) 김진해(2014)에서는 합성어와 후행 성분의 의미 범주가 일치하지 않는다는 점을 반영하여 Allen(1978: 105)의 'IS A Condition('이다' 조건)'을 'a kind of condition('~의 일종' 조건)'으로 부를 수 있다는 점을 지적하였다. 구성 성분 간의 의미적 관계를 고려하여 선행 명사는 '딸림, 의미 논항' 등으로, 후행 명사는 '주장, 머리어, 의미핵' 등으로 부르기도 한다.

야 하는 개념이다. 예를 들어 상의어와 하의어는 상의어의 의미 영역 내에 하의어의 의미 영역이 포함되어 있으므로 의미적 종속 관계를 맺는다고 할 수 있다. 하지만 상의어와 하의어로 구성된 합성어의 합성적 의미는 문법적 조어 의미의 매개 없이 두 단어가 가진 공통 의미의 통합을 매개로 결합된다.

4.2.1. 종속 관계의 유형

이 책에서는 합성어의 의미를 구조의 측면에서 살펴야 한다는 것을 기본 전제로 삼고 있다. 종속 관계의 유형 역시 의미의 구조적 특징을 기준으로 구분할 것이다. 본고에서 주목하는 특징은 사건성의 개입 여부이다. 명사 결합 구조의 유형화에 사건성을 개입한 논의로는 최경봉(1998)을 들 수 있다. 최경봉(1998)에서는 명사 연결 구성을 후행 명사의 의미 특성에 따라 논항 관계 구성(문제 해결)과 집합 관계 구성(시멘트 바닥)으로 나누고, 집합 관계 구성의 의미 생성과 해석 과정이 논항 관계 구성의 그것과 논리적으로 동일하다고 설명하였다. 집합 관계 구성의 의미를 파악하기 위해 명사와 명사로 구성된 구조를 서술어가 포함된 구조로 해석하는 과정이 필요하다는 것이다.

여기서 '서술어가 포함된 구조로 해석하는 과정'이라는 기술은 명사 연결 구성을 문장으로 변형하는 과정이라는 뜻이 아니다. 이는 구성 성분의 의미가 결합되고 해석되는 데 사건성이 개입된다는 것을 뜻한다. '시멘트 바닥'으로부터 〈시멘트로 만든 바닥〉의 의미를 해석하기 위해서 '시멘트 바닥'과 동일한 의미를 가진다고 판단되는 문장을 만들어 내는 과정이 필요하다는 것이 아니다. '시멘트'와 '바닥'이 의미 관계를 맺을 수 있는 사건 〈만들다〉를 추론하는 과정이 필요하다는 뜻이다. 사건성의 개입은 합성어에서도 나타난다. 예를 들어 '산불'은 어기 '산'과 '불'이 가진 의미가 사건 〈나다〉를 매개로 연결된다.

하지만 모든 합성어가 사건성의 추론 과정을 요구하는 것은 아니다. 예를 들어 '밤바다'의 의미 〈밤의 바다〉는 사건성의 개입 없이 선행어와 후행어, 그리고 두 어기 의미의 종속적 결합 관계만으로 구성된다. 본고에서는 선행어와 후행어의 결합에 사건성이 직접적으로 개입하는 관계를 '통솔 관계'로, 사건성이 직접적으로 개입하지 않는 관계를 '승접 관계'로 구분한다. 통솔 관계에서 두 구성 성분의 결합에 개입된 사건성은 후행 명사가 가진 의미 성분으로부터 나온 것으로 선행 명사는 해당 사건의 참여자로서의 역할을 부여받게 된다. 승접 관계는 통솔 관계에 대비되는 개념을 지칭하기 위한 설정한 용어이다.[82]

통솔과 승접은 김민수(1960, 1971, 1983)에서 가져온 용어이나,[83] 각 용어의 정의 및 구분 기준에는 다소 차이가 있다. 김민수(1960)에서 통

82) 최경봉(1998: 171)에서 집합 관계 구성과 논항 관계 구성을 구분하는 기준은 합성어와 후행 성분이 원소-집합의 관계를 맺을 수 있는가의 여부이다. '문제 해결'은 '해결'과 의미 포함 관계는 맺을 수 있으나, 원소-집합의 관계는 맺지 못한다는 설명이 있는데, 의미 포함 관계와 구분되는 원소-집합 관계는 실재 지시물 간의 관계를 의미하는 것으로 파악된다. 그렇다면 최경봉(1998)에서의 집합 관계 구성이란 후행 명사가 실체성을 가진 명사인 경우로 한정되는 것이 아닌가 짐작된다.

83) 김민수(1960, 1971, 1983)에서는 문장의 구성 성분을 구문 성분(構文成分)으로 부르고, 이를 구문내성분, 구문외성분, 성분내성분으로 나누었다. 구문내성분은 필수성을 기준으로 근간어와 지엽어로 나뉜다. 근간어에는 주어, 객어, 보어, 술어가, 지엽어에는 부체어(副體語), 부용어(副用語)가 포함된다. 구문내성분들이 맺을 수 있는 관계는 크게 주술 관계, 보충 관계, 승접 관계 셋으로 나뉘는데, 보충 관계는 객술 관계(지향 관계), 보술 관계(귀착 관계)로, 승접 관계는 부체 관계(규정 관계), 부용 관계(제한 관계)로 더 나뉜다. 구문외성분은 연결어와 독립어를 말하고, 성분내성분은 병렬 관계로 맺어진 구문 성분을 말한다. 병렬 관계로 맺어진 성분들은 결합하여 구문내성분이 된다.

솔은 비대칭적 관계를 맺고 있는 두 요소 중 의미적 중심이 되는 요소가 다른 요소에 대해 미치는 영향을 표현하는 데 사용된 단어이다. 피수식어가 수식어에 대해 영향을 미치는 방식 역시 통솔로 표현된다. 종속과 동일한 개념이라고 할 수 있다. 본고에서는 이를 피수식어의 사건성이 구성 성분의 형태직 결합에 영향을 미지는 경우 한정하여 사용하였다.

승접 역시 차이가 있다. 김민수(1971, 1983)에서는 문장의 필수 성분을 근간어로, 수의 성분을 지엽어로 구분하는데 이때 지엽어가 다른 구성 성분과 맺는 관계를 승접으로 부른다. 관형어와 부사어가 지엽어에 속하며, 관형어가 체언과 맺는 관계와 부사어가 용언과 맺는 관계를 모두 승접 관계로 본다.

(9) 가. 자정 무렵에 이르러서야 집에 도착했다.
나. *무렵에 이르러서야 집에 도착했다.
다. *이르러서야 집에 도착했다.

문장 성분의 필수성을 판별하는 일은 간단하지 않다. 위 문장에서 '자정'은 '무렵'에 종속된 관형어이며, '자정 무렵에'는 '이르다'에 종속된 부사어(구)이다. 김민수(1971, 1983)의 설명에 따르면 모두 지엽어인 것이다. 하지만 '자정'이나 '자정 무렵에'는 필수성을 가진 성분으로 삭제하면 문장의 완결성이 훼손된다.[84]

---

84) 국어의 경우 문장 성분의 생략이 매우 자유롭기 때문에 필수성과 생략 불가능성을 동치의 개념으로 볼 수는 없다. 이 외에 관계 관형절의 머리명사 되기 여부, 무표격 현상 여부, 쪼갠문의 초점 성분에서의 조사 배제 여부와 같은 문법적 차이를 통해 필수

문장 성분의 필수성은 꾸준히 논란이 되고 있다. 필수성을 정도성의 개념으로 보고 문장 성분을 '명세 논항, 필수 논항, 잠재 논항, 선택적 부가어, 비선택적 부가어'와 같이 다단계로 분류하는 관점(이병규 1994)에서부터 '모습과 바탕 이론'을 도입하여 화자의 초점이 부여된 요소를 필수 성분으로 배경이 되는 요소를 수의 성분으로 분류하는 관점(이정택 2006: 244-245)까지 다양한 견해가 여전히 제기되고 있다. 본고에서 사용하는 승접 관계는 합성어의 어기 의미가 사건의 개입 없이 연결된 경우를 가리키기 위한 것으로 종속 성분의 수의성과는 상관이 없다.

일반적으로 종속 관계나 수식 관계라고 하면 김민수(1983)의 승접 관계, 즉 관형어와 체언, 부사어와 용언의 관계만을 떠올리기 쉽다. 하지만 통솔 관계 역시 종속 관계에 속하는 것으로 볼 수 있다. 통사론의 영역에서의 통솔 관계, 즉 문장의 필수 성분과 서술어가 맺는 관계 역시 의미의 측면에서는 수식 관계의 일종으로 볼 수 있기 때문이다.

예를 들어 목적어와 서술어의 결합체인 '밥을 먹다'의 경우, 종속 성분 '밥을'은 지배 성분 '먹다'의 의미를 한정한다. '먹다'는 포괄적이고 추상적인 의미를 갖는다. '먹다'가 표상하는 사건 구조 내에서 객체의 역할을 부여받을 수 있는 요소는 '밥' 외에도 다양하다. '약'이나 '물', '연탄가스'뿐만 아니라 심지어 '나이'나 '겁'과 같이 전형성을 상당히 벗어난 요소들 역시 '먹다'의 대상이 될 수 있다. 이 중 특정 요소가 대상으로 선택되면, '먹다'의 의미는 선택된 대상으로 인해 한정된다. '먹다'가 가리킬 수 있는 의미 영역보다 '밥을 먹다'나 '나이를 먹다'

성을 정의하려는 노력이 계속되고 있으나 모두 한계가 확인되었다.

가 가리키는 의미 영역이 더 작다는 것이다.

같은 이유에서 주술 관계도 별도로 구분하지 않고 통솔 관계에 포함한다. 김민수(1983)을 비롯한 많은 논의들에서 주어에 특별한 지위를 부여한다. 주어를 제외한 문장 성분들은 술부(述部)의 구성 성분이 되지만, 주어는 독립적으로 주부(主部)를 이루어 술어와 직접 결합하지 않고 술부와 결합된다고 보는 것이다. 하지만 본고에서는 주어 역시 서술어의 의미를 한정하는 동일한 기능을 한다는 점에 주목하여 이를 위한 별도의 범주를 마련하지 않았다. 다음은 지금까지의 논의를 예와 함께 정리한 것이다.

(10) 합성어의 종속 관계

가. 통솔 관계: 후행어가 가진 사건성이 직접적으로 개입하여 결합된 종속 관계

¶ 가을비, 밥그릇(1), 쌀농사, 바다낚시, 아침밥

나. 승접 관계: 사건성의 개입 없이 결합된 종속 관계

¶ 구릿빛, 남동생, 눈가, 동냥밥, 땀방울, 어젯밤

4.2.2. 종속 관계의 의미 구성

1) 승접 관계

승접 관계로 결합된 합성어의 의미 구조는 단순하다. 승접 관계는 사건성이 개입되지 않고 결합된 종속 관계를 말한다. 사건성이 개입된 종속 관계, 즉 통솔 관계의 경우에는 종속 성분인 선행 성분이 지배 성분인 후행 성분으로부터 특정한 의미역을 부여받는다. 하지만 승접

관계의 경우 사건성이 개입되지 않기 때문에 선행 성분은 별도의 의미역을 부여받지 않는다. 승접 관계로 결합된 합성어는 선행 성분과 후행 성분의 어기 의미와, 승접 관계의 문법적 조어 의미만으로 구성된 의미를 갖는다.

(11) 가. 밤바다: 〈어두운 밤의 바다〉
¶ 어둡고 잔잔한 밤바다.
나. 노랑머리: 〈노란 빛깔의 머리카락〉[85)]
¶ 노랑머리의 서양 인형.
다. 동냥밥: 〈이집 저집 돌아다니면서 빌어먹는 밥〉
¶ 전쟁 중에는 동냥밥으로 연명하던 사람들이 흔했다고 한다.

위에 제시된 합성어들은 어기의 의미와 승접 관계의 문법적 조어 의미만으로 구성된 비교적 단순한 구조의 의미를 갖는다. 문법적 조어 의미는 선행어의 의미 특성에 따라 달리 표상될 수 있다. 합성어의 의미를 기술할 때 뜻풀이 방식을 반영하여 선행어가 사건성에 의미적 중점이 놓이지 않은 단어일 경우 〈의〉로, 사건성에 의미적 중점이 놓인 단어일 경우 〈-는〉으로 표상하였다. '밤바다'와 '노랑머리'의 문법적 조어 의미는 〈의〉로, '동냥밥'의 문법적 조어 의미는 〈-는〉으로 기

85) 『표준』에서 '노랑머리'는 〈노란 빛깔의 머리카락. 또는 그런 머리카락을 가진 사람〉으로 기술되어 있다. 〈노란 빛깔의 머리카락〉은 합성적 의미이고, 〈그런 머리카락을 가진 사람〉은 환유를 통해 생성된 비합성적 의미이다. 환유적 의미는 이처럼 번호를 달리하지 않고 함께 기술되는 되는 경우가 많다. 종이사전에서는 지면의 제약이 단어의 의미 기술에 큰 영향을 주었는데, 그 흔적이 남은 것이다. 마침표를 찍은 뒤 '또는'으로 연결하여 기술하였으므로, 사실상 다의를 변별한 것이라고 볼 수 있다.

술하는 식이다.

(11가)에서 〈어두운〉은 '밤'의 속성 중 일부를 명세한 것으로, '밤바다'의 의미를 기술하는 데 불필요한 부차적인 의미 속성이다. 〈어두운〉이 '밤바다'의 필수적 속성이라면, 보름달이 떴다거나, 등대의 불빛을 비추었다거나 하는 여러 가지 이유로 바다가 환해진 밤의 바다는 '밤바다'라고 부를 수 없어야 한다. '밤바다'의 의미는 어기의 의미와 문법적 조어 의미 〈의〉로 구성된 〈밤의 바다〉로 충분하다.

〈표 3〉 '밤바다'의 의미 구성

형태	의미	
	어기 의미	문법적 조어 의미
'밤'	〈밤〉	〈의〉
'바다'	〈바다〉	
'밤바다'	〈밤의 바다〉	

(11나)에서 '노란 빛깔'은 '노랑'을, '머리카락'은 '머리'를 환언한 것이다. '노란 빛깔의 머리카락'은 '*노랑의 머리'를 자연스러운 문장으로 바꾸어 표현한 것이다.[86] '노랑머리'의 의미는 '노랑'과 '머리'의 어기 의미와 문법적 조어 의미 〈의〉의 결합으로 '밤바다'와 동일한 의미 구조를 가진다고 할 수 있다.

86) 〈N의 N〉의 의미를 가지는 합성어를 사전에서 검색하면, 위처럼 부차적인 속성을 함께 기술하거나, 동일한 의미를 가진 환언적 표현이 제시되어 있는 경우가 많다. 이는 표제어의 형식만으로 의미를 기술하는 데에서 느껴지는 부담을 반영한 결과이다.

〈표 4〉 '노랑머리'의 의미 구성

형태	의미	
	어기 의미	문법적 조어 의미
'노랑'	〈노란 빛깔〉	〈의〉
'머리'	〈머리카락〉	
'노랑머리'	〈노란 빛깔의 머리카락〉	

'밤바다'나 '노랑머리'의 의미 결합에는 사건성이 개입되어 있지 않다. 하지만 '밤에 보는 바다'나 '노랑으로 물들인 머리'와 같은 표현이 생성될 수 있다는 점을 생각하면, '밤'과 '바다', '노랑'과 '머리'의 의미 결합에 사건성의 개입 자체가 차단된다고는 볼 수 없다. 그럼에도 '노랑머리'의 의미를 〈노랑으로 물들인 머리〉로 기술하지 않는 이유는 '노랑머리'가 〈노랑으로 물들인 머리〉뿐만 아니라 〈노랑으로 나는 머리〉, 〈노랑으로 탈색된 머리〉 등을 가리키는 데 모두 사용될 수 있는 단어이기 때문이다.

즉 두 구성 성분 사이에 사건성이 개입되지 않은 것은, 개입될 수 있는 사건성이 없기 때문이 아니라 오히려 제한되지 않기 때문이라고 표현하는 것이 더 정확하다. '노랑머리'는 머리카락이 노란색을 띠고 있는 상태 그 자체를 표현하기 위한 단어이다. 머리가 노랗게 된 이유, 즉 결과 상태의 원인이 되는 사건은 단어의 의미와 무관한 의미 요소인 것이다.

(11다)는 선행어로 사건 명사가 포함된 예이다.[87] 사건 명사란 '상

87) 최호철(2020)에서는 서술어의 의미를 〈상태〉, 〈동작〉, 〈속성〉 등에 해당되는 어휘적 의미와 〈서술〉에 해당되는 통사적 의미로 나누고, 〈서술〉을 '어떠한 사항에 대한 특정한 내용을 현실에 귀착하여 판단하는 서술 양상의 시제나 서법을 결부하는 기능.'으로 정의하였다. 사건 명사는 홍재성(1999), 강범모(2000), 이선웅(2005)를 비롯한 많은 연구들

태, 동작, 속성 등과 같이 서술어의 어휘적 의미 속성을 가진 명사'를 말한다. '동냥밥'의 의미는 '동냥'을 직접 사용하여 기술되어 있지 않고, '동냥'의 의미 〈이집 저집 돌아다니면서 빌어먹음〉를 풀어쓰는 방식으로 기술되어 있다. '노랑머리'의 의미를 〈*노랑의 머리〉로 기술하지 않았던 것과 같은 방식이나. '동냥밥'의 의미 구조 역시 앞의 두 경우와 동일하다. 다만 '동냥'의 의미적 중점이 사건성에 있기 때문에 승접 관계의 문법적 조어 의미가 〈의〉 대신 〈-는〉으로 표상되어 있다는 점이 다를 뿐이다.

〈표 5〉 '동냥밥'의 의미 구성

<table>
<tr><th rowspan="2">형태</th><th colspan="2">의미</th></tr>
<tr><th>어기 의미</th><th>문법적 조어 의미</th></tr>
<tr><td>'동냥'</td><td>〈이집 저집
돌아다니면서
빌어먹음〉</td><td rowspan="2">〈-는〉</td></tr>
<tr><td>'밥'</td><td>〈밥〉</td></tr>
<tr><td>'동냥밥'</td><td colspan="2">〈이집 저집 돌아다니면서 빌어먹는 밥〉</td></tr>
</table>

'동냥'은 어휘 의미로 사건성을 가지고 있는 사건 명사이다. 즉 '동냥밥'은 사건성을 어휘적 의미로 가지고 있는 어기가 포함된 합성어이다. 하지만 '동냥'의 사건성은 '동냥'과 '밥'의 의미 결합에 직접적인 영향을 미치지는 않는다. 사건성을 가진 어기가 종속 성분이기 때문이

에서 '서술성 명사'로 불리기도 한다. 최호철(2020)에서는 명사의 서술성을 인정할 수 없으며, '서술성 명사' 역시 같은 이유로 인정할 수 없다고 주장하였는데, 본고 역시 이에 동의하여 해당 범주를 사건 명사로 지칭하였다. 서술성 명사를 인정하는 논의들 역시 범주 설정의 문제에서는 이견을 보이는데 이에 대한 보다 상세한 논의는 이선웅(2005, 2006)을 참조.

다. 사건성을 가진 단어가 지배 성분일 경우, 지배 성분의 사건 구조는 종속 성분에 의미역을 부여할 수 있으나, 종속 성분일 경우에는 의미역을 부여할 수 없다. 말 그대로 지배 성분이 아니기 때문이다.

'동냥젖'과 '젖동냥'을 비교해 보자. 두 합성어는 동일한 어기로 구성되어 있으나, 그 의미는 서로 다르다. '동냥젖'의 의미는 〈얻어먹는 젖〉이고, '젖동냥'의 의미는 〈젖을 얻어먹는 일〉이다. 두 합성어의 의미 차이는 결합 순서의 차이, 즉 어기 중 어떤 단어가 지배 성분이 되는가의 차이에 의해 발생된다. '동냥젖'의 지배 성분은 '젖'이다. 그렇기 때문에 앞서 설명하였듯이 '동냥'의 사건성이 합성어의 의미 결합에 직접적인 영향을 미치지 못한다. '동냥젖'의 의미는 (표5)를 통해 제시하였듯이 어기의 의미와 두 의미의 승접 관계에 해당되는 문법적 조어 의미 〈-는〉으로 구성된다.

하지만 '젖동냥'의 지배 성분은 '동냥'이므로, '동냥'의 사건성을 바탕으로 '젖'이 객체의 역할을 부여받게 된다. 즉 '젖동냥'의 의미는 어기의 의미 〈젖〉과 〈얻어먹는 일〉과, 선행 명사에 부여된 문법적 조어 의미 〈을〉로 구성된다. '젖동냥'은 어기의 사건성이 합성어의 의미 결합에 직접적인 영향을 미치는 경우이므로 통솔 관계에 해당되고, '동냥젖'은 승접 관계에 해당된다.

2) 통솔 관계

여기에서는 통솔 관계로 결합된 합성어의 의미 구조를 살펴볼 것이다. 통솔 관계란 선행 명사와 후행 명사의 종속적 결합에 후행 명사가 가진 사건성이 직접적으로 개입하는 관계를 말한다. 선행 명사는 후행 명사의 사건성으로 인해 사건 참여자로서의 지위를 부여받게 된다.

통솔 관계의 후행 성분으로 가장 원형적인 예는 사건 명사이나, 사건 명사가 아닌 경우에도 통솔 관계의 후행 성분이 될 수 있다. 사건 명사가 아니어도 의미 성분으로 사건성을 가지고 있을 수 있기 때문이다. 예를 들어 〈담는 도구〉를 뜻하는 '그릇', '가방', '주머니' 등은 모두 〈담다〉라는 사건성을 의미 성분으로 가진다. '책가방'의 의미는 〈책을 담는 가방〉이다. '책'과 '가방'이 가진 의미는 〈담다〉라는 사건을 통해 종속적으로 결합되어 있으며 이 사건 속에서 '책'은 객체의 역할을 부여받는다.

같은 이유로 후행 명사가 사건 명사라고 해서 모두 통솔 관계를 맺는 것은 아니다. 후행 명사에 포함된 사건성이 선행 명사와 후행 명사의 결합에 직접적인 영향을 미치지 않는다면 이를 통솔 관계로 볼 수 없기 때문이다. 예를 들어 '공존공영'이나 '무병장수' 등은 선후행 명사가 모두 사건 명사이나 두 구성 성분이 대등한 관계로 결합되어 있기 때문에, 두 단어가 가진 사건성은 의미 결합의 과정에서 아무런 영향을 미치지 않는다.

선행 성분이 후행 성분으로부터 부여받는 역할은 문장의 의미역과 논리적으로 동일하다. 그렇기 때문에 의미역의 유형에 따라 통솔 관계의 하위 유형을 분류해 볼 수 있다. 의미역이란 '술어가 표상하는 의미 구조 안에서 참여자(또는 의미 논항)가 가지는 역할(박철우·이종명 2005: 544)'로 정의된다. 이때 '참여자'의 범위를 어디까지로 볼 것이며, 서술어가 표상하는 의미 구조의 실현 단위를 무엇으로 보느냐에 따라 의미역의 범주는 달리 설정될 수 있다.

범주를 좁게 설정하는 논의에서는 의미역을 '문장을 단위로 실현되는 필수 논항의 역할'로 정의한다. 이성범(1999)에서는 가장 적은 유형의 의미역을 제시하였는데, '행위주, 도구, 피동주, 경험자, 수혜자, 출저, 도달점'의 7가지이다. 가장 많은 의미역을 설정한 논의는 남승호(2008)이다. 남승호(2008)에서는 '행동주(agent), 피동주(patient), 대상(theme), 경험주(experiencer), 도구(instrument), 처소(location), 착점(goal), 기점(source), 방향(direction), 경로(route), 수혜자(benefactive), 자극(stimulus), 원인(cause), 자격(qualification), 비교 기준(criterion), 동반자(companion)'의 16개를 상정하였다.

의미역을 필수 논항에만 부여되는 것으로 보지 않고, 수의 성분(부가항)으로까지 확대하여 설정하는 논의들도 있다. 남기심(1993)에서는 필수 논항과 수의 논항의 구분이 어렵고, 또 궁극적인 의미 분석을 위해서 수의 성분에 대해서도 의미역을 결정해야 한다고 설명하였다. 전산언어학과 사전학의 분야에서 부가항의 의미역 설정 문제에 관심이 많은 것도 같은 맥락이다.

강신재·박정혜(2003)에서는 '시간(time)'을 의미역으로 설정하고 이를 '시간이나 횟수 등의 단위를 나타내는 명사에 준하는 어휘에 할당되는 의미역'으로 정의하였다. 장소와 시간은 사건의 장면을 구성하는 필수적인 요소이다. 장소의 의미역이 의미역 설정에 대한 초기 연구부터 의미역으로서의 지위를 인정받았으며 기점, 착점, 경로, 방향 등으로 세분되었던 것과 달리 시간의 의미역은 상대적으로 주목을 받지 못하였다. 다음의 예는 강신재·박정혜(2003: 223)에서 가져온 것이다. '아침'과 '한 시'가 시간의 의미역에 해당된다.

(12) 가. 영희는 아침에 일찍 일어났다.
나. 약속을 1시로 정하자.

김윤정 외(2014)에서는 여기에 '방법(method)'의 의미역을 더하였는데, 방법은 '행위나 이동의 의미를 표현하는 동사의 경우, 방편을 나타내는 개체에 부여하는 의미역'으로 정의된다. 다음은 김윤정 외(2014: 185)에서 옮긴 것이다. '큰 소리로'와 '맛있게'가 방법의 의미역에 해당된다.

(13) 가. 그는 큰 소리로 떠들었다.
나. 그는 사과를 맛있게 먹었다.

합성어의 통솔 관계를 설명하기 위해서는 넓은 범주의, 즉 수의 성분을 포함한 범주의 의미역 설정이 필요하다. 하지만 보편적 쓰임이 확인되는 합성어의 의미, 즉 합성어의 정착 의미에서 발견되는 의미역의 유형이 문장에서 확인되는 의미역의 유형만큼 다양하지는 않다. 이는 합성어의 형식이 문장에 비해 단순하기 때문이다.

이 책에서는 의미역 부여를 위한 일률적인 원리가 부재하며, 이를 위하여 명사구를 구성하는 격 조사의 형태적 분류가 정형화될 필요가 있다는 최호철(1993가)의 논의를 수용하여, 합성어 내부에서 부여될 수 있는 통솔 관계의 조어 의미를 두 어기 명사의 의미 사이에서 추론되는 격 조사에 따라 '주체(이/가)', '객체(을/를)', '방편(로/으로)', '위치(에/에서)'로 나누고, 위치는 다시 '공간적 위치'와 '시간적 위치'로 나누었다. 마지막으로 〈-으러, 을 위해〉 등의 조어 의미를 '목적'으로 구분하였다. 다음은 통솔 관계의 조어 의미의 유형에 따라 예를 보인 것이다.

(14) 가. 주체: 가족노동, 도깨비장난(1), 동네잔치, 무당굿
나. 객체: 겉치장, 물그릇, 쌀가마, 술대접, 안경집, 엿장수
다. 방편: 간접흡연, 매사냥, 면접시험, 물세탁, 쌀밥, 소꿉장난, 콧노래
라. 공간적 위치: 거리굿, 갓끈, 논농사, 바다낚시, 부엌일, 촛불
마. 시간적 위치: 겨울잠, 밤낚시, 백일기도, 보름달, 생일잔치, 아침밥
바. 목적: 경로잔치, 공익사업, 기념행사, 기록경기, 독립운동

'가족노동'의 의미를 문장으로 표현한다면 '가족이 행하는 노동'과 같은 능동 표현이 될 수도, '가족에 의해 행해지는 노동'과 같은 수동 표현이 될 수도 있을 것이다. 하지만 합성어 '가족노동'의 의미는 능동과 피동에 중립적이다.[88] 합성어에서는 행위주와 피동주의 구분이 무의미하다는 것이다. 행위주나 피동주와 같은 용어 대신 '주체'를 선택한 것은 이 때문이다.

수의 성분의 적극적인 결합도 주목할 만하다. 수의 성분은 용어에서도 확인할 수 있듯이 필수 성분에 비해 서술어와의 의미적 결합도가 떨어진다고 평가되는데, 합성어에서는 필수 성분 못지않은 중요한 구성 성분이 된다. 수의 성분이 결합된 합성어의 수 역시 필수 성분이

88) 이선웅(2005)에서는 주어적 논항이 실현되지 않은 사건 명사구에서 능동과 피동의 변별이 기본적으로 불가능하다는 점을 지적하였다. 합성어는 명사구에 비해 더욱 단순한 형식을 가지므로 명사구와 마찬가지로 능동과 피동의 변별이 불가능하다.

결합된 합성어에 비해 결코 적지 않다. 합성어까지 고려하게 되면 수의 성분의 의미역을 설정하는 일의 중요성이 더욱 커지게 된다고 볼 수 있다.

예를 들어 박철우·이종명(2005)에서는 '행위의 목적'을 뜻하는 부사절에 '목적'의 의미역을 부여하였다. '나는 공부하러 학교에 갔다.'에서 '공부하러'나, '나는 그를 설득하려고 애쓴다.'에서의 '그를 설득하려고'가 의미역 '목적'의 예로 제시되었다. 명사만이 논항으로 취급될 수 있다고 보는 견해에서는 받아들여지지 않는 의미역이다. 하지만 '경로잔치, 공익사업' 등에서 확인할 수 있듯이 합성어에서는 명사만으로도 '목적'의 의미역이 실현될 수 있어, 해당 의미역의 설정이 매우 자연스럽다.

사실 합성어의 경우에는 필수 성분과 수의 성분을 구분하는 것 자체가 무의미하다고 할 수 있다. 이정택(2006)에서는 필수 성분과 수의 성분의 구분을 초점과 배경의 인지적 차이로 보고, 필수 성분을 초점을 부여 받은 성분으로 정의한다. 임홍빈·이홍식 외(2002:117)에서 의미역을 원초적(primitive)으로 존재하는 것이라기보다는 결과를 통해 역으로 해석한 의미 범주라고 기술한 것과 궤를 같이 하는 주장이다. 합성어의 구성 성분은, 합성어의 의미를 형성하는 복잡한 개념 중에서 선택된 요소이다. 초점을 부여 받은 성분이 합성어의 구성 성분이 된다는 것이다. 이정택(2006)의 논의를 따른다면 합성어의 구성 성분은 모두 필수 성분으로 볼 수 있다.

의미역 연구는 문장을 중심으로 진행되었는데, 여기서 제기된 경계 설정의 문제들은 합성어에서 더욱 증폭된다. 앞서 말했듯이 형식적 제약으로 인해 중의성이 강해지기 때문이다. 예를 들어 '술대접'의 '술'

은 객체로도 해석될 수 있고, 방편으로도 해석될 수 있다. '대접'이라는 사건의 구조를 'A가 B를 술로'로 볼 것인가 'A가 B에게 술을'로 볼 것인가에 따라 달라질 수 있기 때문이다. 문장의 경우 사건의 구조 차이가 조사에 의해 가시화되지만 합성어에서는 형식화되지 않아 중의성이 강해진다.

'술대접'의 '술'을 객체로 해석한 것은 격 실현 방식의 차이를 문장을 구성하는 화자의 의도에 따라 달라진 결과로 판단했기 때문이다. 화자가 사건 구조의 여러 참여자 중 어떤 것에 초점을 두어 발화했는가에 따라 초점을 받는 명사구가 목적격을 받는다는 것이다. 앞서 지적하였듯이 합성어의 경우, 합성어의 구성 성분이 되었다는 것 자체가 초점을 받았다는 것을 의미하므로 객체와 방편 중 객체로 우선 해석하였다. '우주여행'의 '우주'나 '풀칠'의 '풀' 역시 동일한 해석에 의해 공간적 위치나 방편이 아닌 객체의 역할을 부여받은 것으로 보았다.

합성어의 구성 성분이 맺게 되는 문법적 의미를 조어 의미로 볼 수 있는 이유는, 형태로부터 추론될 수 있는 여러 가능성 중 하나가 합성 형태에 고정되기 때문이다. 예를 들어 '개사냥'은 〈개를 잡는 일〉로도, 〈개로 짐승을 잡는 일〉로도 해석될 수 있다. 실제 다음과 같은 문장들이 발견된다.

(15) 가. 범은 깊은 산중에서 살지만 표범은 인가가 가까운 야산에 내려와 돌아다니다가 개 사냥을 하는데 아주 얄미운 방법을 쓰지요. 〈대전일보, 2011. 11. 14.〉

나. 이와 함께 '소리 없는 밀렵'으로 불리는 개사냥 밀렵도 최근 전국에서 성행하고 있다고 환경부는 밝혔다.〈한겨레, 신종

밀렵 성행, 1999. 1. 13.〉

'사냥'이라는 술어가 표상하는 사건 구조에는 사냥하는 주체, 사냥감, 사냥 도구라는 세 개의 주요 참여자가 필요한데, '개'는 사냥감으로도, 사냥 도구로도 기능할 수 있기 때문에 위와 같은 용법이 모두 가능하다.[89] 하지만 (15가)보다는 (15나)의 용법이 훨씬 더 많이 발견되며, 사전에도 (15나)의 의미만이 등재되어 있다.

이렇게 되면 〈개를 잡는 일〉은 합성어의 지위를 부여받지 못하게 된다. 통사적 구 구성으로 처리되는 것이다.[90] 즉 '개'와 '사냥'으로부터 추론가능한 문법적 관계는 하나 이상일 수 있으나, 이 중 일부만이 합성어의 의미로 인정받게 되는 것이다. 문법적 관계 중 어떤 것이 합성어의 의미로 인정받게 되는지 예측할 수는 없다. 합성어의 의미로 인정받는 문법적 관계와 그렇지 못한 문법저 관계의 구별은 근본적인 차이에 의한 것이 아니라 언중의 선택에 의해 결정되는 것이기 때문이다.[91] '개사냥'의 정착 의미 〈개로 짐승을 잡는 일〉은 다음과 같은 구조

89) '개'는 행위성을 가지는 유정물이기 때문에 사냥의 주체로도 기능할 수 있다. '개사냥'이 〈개가 하는 사냥〉의 의미를 가질 수도 있다는 것이다. 하지만 이 의미가 실현된 용례는 발견되지 않았으며, 사전에도 기술되어 있지 않다.

90) 이를 반영하기 위해 〈개를 사냥하는 일〉은 '개 사냥'으로 구별하여 표기하였다.

91) 조민정(2013)에서는 'N사냥'과 'N낚시'를 비교하여, 'N사냥'은 선행 명사로 주로 도구 명사를, 'N낚시'는 주로 '방법, 장소 명사'를 선택하는 이유로, 첫째, '전경/배경 조직 원리'와 '중의성 회피 전략'을 제안하였다. 이 논의는 합성어의 생성에 언어적인 요인뿐만 아니라 비언어적인 요인도 커다란 영향을 미칠 수 있으며, 또한 합성어마다 서로 다른 요인이 작용할 수 있음을 지적하고 있어 큰 의의를 가진다. 합성어에 대한 관심에 비해, 합성어의 의미에 대한 논의가 매우 부족한 것은, 합성어 의미 연구의 목표를 합성어의 의미 전체에 대한 규칙이나 원리를 찾으려는 데 두고 있기 때문이다. 하지만 합성어의 생성을 일반화된 원리나 규칙으로 예측하는 것은 사실상 불가능하다. 그러므로

로 분석된다.

〈표 6〉 '개사냥'의 의미 구성

<table>
<tr><th rowspan="2">형태</th><th colspan="2">의미</th></tr>
<tr><th>어기 의미</th><th>문법적 조어 의미</th></tr>
<tr><td>'개'</td><td>〈개〉</td><td rowspan="2">〈로〉</td></tr>
<tr><td>'사냥'</td><td>〈짐승을 잡는 일〉</td></tr>
<tr><td>'개사냥'</td><td colspan="2">〈개로 짐승을 잡는 일〉</td></tr>
</table>

앞서 통솔 관계는 후행 명사가 사건 명사가 아닌 경우에도 성립될 수 있다는 점을 지적하였다. 이에 해당되는 예로 '쌀밥'의 의미 구조를 살펴보자. '밥'은 사건 명사가 아니지만, '밥'의 의미에는 방편의 역할을 부여하는 사건 〈짓다〉가 포함되어 있다. '밥'의 의미를 규정짓는 본질적 속성은 재료와 가공 방법과 같은 작인 정보이다. 앞서 단어의 의미는 문맥을 통해 확인되며, 문맥에 따라 실현되는 의미 속성이 달라질 수 있다는 점을 지적하였다. 또한 문맥에서 실현되는 의미 속성이 단어를 규정하는 본질적인 속성일 경우 단어의 의미로, 그렇지 않을 경우 문맥적 의미로 구분된다고 보았다.

즉 〈짓다〉는 문맥을 통해 얻게 되는 의미가 아니라, '밥'의 본질적 속성과 관련된 정보이다. 그러므로 〈짓다〉는 '밥'의 의미, 즉 어기의 의미가 되며, 합성어 '쌀밥'의 의미는 두 어기의 의미와 '밥'의 어기 의미 〈짓다〉로부터 '쌀'이 부여받은 문법적 조어 의미 방편 〈로〉로 구

이와 같이 합성어마다의 개별적인 특성을 고찰하는 논의들이 더욱 많아져야 한다고 생각된다.

성된다.

〈표 7〉 '쌀밥'의 의미 구성

형태	의미	
	어기 의미	문법적 조어 의미
'쌀'	〈쌀〉	〈로〉
'밥'	〈밥〉	
'쌀'	〈쌀로 지은 밥〉	

5장
어휘적 조어 의미의 개재 방식

합성어의 의미는 어기의 의미와 조어 의미로 구성된다. 이때 조어 의미에는 문법적 관계뿐만 아니라 어휘적 의미까지도 포함된다. 어기 간의 문법적 관계에 해당되는 조어 의미를 문법적 조어 의미로 부르고, 어기의 층위에서 추가적으로 추론되는 어휘적 의미를 어휘적 조어 의미로 구분할 수 있다.

어휘적 조어 의미로는 사건 구조와 비유 의미가 있다. 이는 합성의 과정에서 추론되는 의미 중, 추론의 근거를 어기로 볼 수 있는 어휘적 의미의 유형은 그리 많지 않다. 이 중 비유 의미는 합성어의 층위에서도 추론될 수 있는 의미 정보이다. 그러므로 비유 의미의 경우 어기 층위의 정보와 합성어 층위의 정보를 구분하여 어휘적 조어 의미의 경계를 보다 구체화해야 한다.

5.1. 사건 구조

앞서 종속 관계는 후행 성분의 사건성이 의미 결합에 직접적인 영향을 미치는지의 여부를 기준으로 통솔 관계와 승접 관계로 나뉘었다. 통솔 관계는 후행 명사의 사건 구조로부터 부여받은 선행 명사의 의미역이 합성어의 의미 구성 요소로 포함되어 있는 경우를 말하고, 승접 관계는 선후행 명사가 사건성의 개입 없이 종속적으로 결합된 경우를 말한다.

통솔 관계가 성립되기 위해서는 후행 명사가 사건성을 가지고 있어야 한다. 후행 명사가 사건 명사일 경우 후행 명사의 사건성이 쉽게 파악되지만, 비사건 명사일 경우 통솔 관계를 성립하게 하는 사건성이 어기에 속한 의미 정보인지, 문맥에 속한 의미 정보인지 구분하는 과정이 필요하다.

단어가 문맥에 따라 다양한 의미를 실현할 수 있는 이유는, 문맥에 따라 속성 정보가 달리 활성화되기 때문이다. 속성 정보의 존재는 모두 문맥을 통해 확인되므로, 모두 문맥적 정보라 할 수 있다. 하지만 실현 여부와 상관없이, 단어의 의미를 규정할 때 반드시 언급되는 필수적이고 본질적인 의미 속성이 존재한다. 속성 정보가 본질적 속성과 비본질적 속성으로 구분될 수 있다는 것이다. 본질적 속성은 어휘의 의미에 포함되고, 비본질적 속성은 문맥적 의미로 남게 된다.

합성어의 의미 구성에 관여하는 사건성이 본질적 속성, 즉 어기에 속한 의미 정보일 경우 해당 합성어의 의미는 어기의 의미와 선행 명사의 의미역에 해당되는 문법적 조어 의미만으로 분석된다. 하지만 선행 명사에 의미역을 부여하는 사건성이 후행 명사의 본질적 속성이 아니라 문맥적 의미로부터 추론된 것이라면, 이는 어휘적 조어 의미가 포함된 것으로 분석된다. '물그릇'과 '돌그릇'의 예를 통해 이를 구분해 보자.

'물그릇'은 어기의 의미와 문법적 조어 의미만으로 구성된 합성어이고, '돌그릇'은 여기에 어휘적 조어 의미가 포함된 합성어이다. '물그릇'의 의미는 〈물을 담은 그릇〉이고, '돌그릇'의 의미는 〈돌로 만든 그릇〉이다. '물그릇'의 의미를 기술하기 위해 개입된 사건 구조 〈담다〉는 어기의 의미에 속하지만, '돌그릇'에 개입된 〈만들다〉는 '돌'과 '그릇'의 결합 문맥에서 추론된 정보이다.

'그릇'은 물체로서 일정한 형상(형상 정보)을 가진 대상이기도 하고, 운두, 손잡이와 같은 부분이 모여 이룬 전체(구성 정보)이기도 하다. 또한 가공품(작인 정보)이기도 하다. 하지만 '그릇'을 '그릇'으로 부를 수 있는 이유는 물건을 담을(기능 정보) 수 있기 때문이다. 〈담다〉는 어기의 의미로, 〈만들다〉는 어휘적 조어 의미로 구분하는 이유가 여기에 있다. 〈담다〉는 맥락과 상관없이 항상 드러나는 '그릇'의 본질적 의미 성분이지만 〈만들다〉는 맥락에 따라 초점을 받아야 드러나는 의미 성분이기 때문이다. 하지만 두 정보가 모두 어기와 관련된 것이라는 점에서는 차이가 없으므로 '물그릇'과 '돌그릇'의 의미는 모두 합성적 의미에 속한다.

'물그릇'의 의미는 '물'과 '그릇'의 의미와 통솔 관계의 문법적 조어 의미 〈을〉로 구성된다. '돌그릇'의 의미는 '돌'과 '그릇'의 의미와 통솔 관계의 문법적 조어 의미 〈로〉, 어휘적 조어 의미 〈만들다〉, 승접 관계의 문법적 조어 의미 〈-ㄴ〉이 더해져 구성된다. 다음은 두 단어의 의미 구조 차이를 비교할 수 있도록 표로 비교한 것이다.

〈표 8〉 '물그릇'의 의미 구성

<table>
<tr><th rowspan="3">형태</th><th colspan="3">의미</th></tr>
<tr><th rowspan="2">어기 의미</th><th colspan="2">조어 의미</th></tr>
<tr><th>문법적 조어 의미</th><th>어휘적 조어 의미</th></tr>
<tr><td>'물'

'그릇'</td><td>〈물〉

〈담는 도구〉</td><td>〈을〉</td><td></td></tr>
<tr><td>'물그릇'</td><td colspan="3">〈물을 담는 도구〉</td></tr>
</table>

〈표 9〉 '돌그릇'의 의미 구성

<table>
<tr><th rowspan="3">형태</th><th colspan="3">의미</th></tr>
<tr><th rowspan="2">어기 의미</th><th colspan="2">조어 의미</th></tr>
<tr><th>문법적 조어 의미</th><th>어휘적 조어 의미</th></tr>
<tr><td>'돌'

'그릇'</td><td>〈돌〉

〈담는 도구〉</td><td>〈로〉
〈-ㄴ〉</td><td>〈만들다〉</td></tr>
<tr><td>'돌그릇'</td><td colspan="3">〈돌로 만든 담는 도구〉</td></tr>
</table>

어휘적 조어 의미로서의 사건 구조는 크게 구성 관련 사건 구조, 기능 관련 사건 구조, 작인 관련 사건 구조로 유형화할 수 있다. 이는 생성 어휘론의 속성 구조를 따른 유형 분류이다. 생성 어휘론의 속성 구조는 문맥적 변이 의미를 설명하기 위한 단어의 의미 체계이다. 형상역, 구성역, 기능역, 작인역으로 체계화된 의미 정보는, 달리 말하면 단어의 문맥적 의미를 유형화한 것이라고 할 수 있다.

어휘적 조어 의미로 볼 수 있는 형상 관련 사건 구조는 발견하지 못했다. '개미허리'나 '실국수'와 같은 단어에 형상 관련 사건 구조가 포함되어 있을 것이라 예상할 수도 있을 것이다. 하지만 '개미허리'와

'실국수'의 의미는 〈개미처럼 생긴 허리〉나 〈실처럼 생긴 국수〉가 아니라 〈가느다란 허리〉, 〈가느다란 국수〉이다. 〈N1처럼 생긴 N2〉는 비유를 통해 생성된 합성어의 실질적인 의미를 기술한 것이라고 볼 수 없다. 두 단어가 비유 관계를 맺고 있다는 정보보다, 비유의 근거가 어디에 있는지를 기술되어야 한다. 합성어에 실현된 비유 의미의 실현 양상은 규칙적으로 예측할 수 있는 성질의 것이 아니기 때문이다.[92]

5.1.1. 구성 관련 사건 구조

구성 관련 사건 구조는 〈N1에 달린 N2〉에서 〈달리다〉를 말한다. 구성 성분의 의미나 의미를 기술하는 태도에 따라 '달리다'는 '구성하다, 달다, 붙다, 붙이다' 등으로 달리 표현될 수 있다. 당연히 〈N1에 달린 N2〉로 기술된 합성어가 모두 구성 관련 사건 구조를 가진다고 할 수는 없다. 〈달리다〉가 어기의 의미인 경우도 있기 때문이다. '상다리'와 '문고리'를 비교를 통해 확인해 보자.

(1) 가. 상다리: 〈상에 붙어서 상을 떠받치는 다리〉

¶ 상다리가 부러지는 바람에 새로 상을 사야 했다.

나. 다리(01-2): 〈물체의 아래쪽에 붙어서 그 물체를 받치거나 직접 땅에 닿지 아니하게 하거나 높이 있도록 버티어 놓은 부분〉

¶ 이 의자는 다리가 하나 부러졌다.

92) 비유 의미가 포함된 합성어의 의미에 대한 보다 구체적인 논의는 5.2절 참조.

(2) 가. 문고리(01): 〈문을 걸어 잠그거나 여닫는 데 쓰려고 단 고리〉

¶ 문고리를 걸어 잠그다.

나. 고리(01-1): 〈긴 쇠붙이나 줄, 끈 따위를 구부리고 양 끝을 맞붙여 둥글게 만든 물건〉

¶ 아이들은 고리 던지기를 하며 시간을 보냈다.

〈표 10〉 '상다리'의 의미 구성

형태	의미		
	어기 의미	조어 의미	
		문법적 조어 의미	어휘적 조어 의미
'상'	〈상〉	〈에〉	
'다리'	〈물체에 붙어 물체를 받치는 부분〉		
'상다리'	〈상에 붙어 상을 받치는 부분〉		

〈표 11〉 '문고리'의 의미 구성

형태	의미		
	어기 의미	조어 의미	
		문법적 조어 의미	어휘적 조어 의미
'문'	〈문〉	〈을〉 〈에〉 〈-ㄴ〉	〈잠그거나 여닫다〉[93] 〈달다〉
'고리'	〈둥근 물체〉		
'문고리'	〈문을 잠그거나 여는 데 쓰기 위해 단 둥근 물체〉		

(1나)에서 확인할 수 있듯이 '다리'는 구성 정보와 기능 정보가 조합된 의미로 기술된다. 그러므로 '상다리'의 의미 기술에서 발견되는 〈붙다〉는 '다리'의 의미, 즉 어기 의미에 해당된다. 하지만 '고리'는 (2나)에서 볼 수 있듯이 형상 정보 중심의 의미를 가지므로, '문고리'의 의미 기술에서 발견되는 〈달다〉는 '고리'의 의미가 아니라 어휘적 조어 의미로 보아야 한다.

5.1.2. 기능 관련 사건 구조

기능 관련 사건 구조는 〈N1에 쓰는 N2〉에서 〈쓰다〉를 말한다. '쓰다' 역시 구성 성분의 의미나 의미를 기술하는 태도에 따라 달리 표현될 수 있다. 다음은 '그릇'류의 단어가 포함된 합성어들의 예이다.

(3) 가. 밥그릇: 〈밥을 담는 그릇〉
나. 술동이: 〈술을 담는 데 쓰는 그릇〉
다. 김칫보: 〈김치를 담아 먹는 그릇〉
라. 밥공기: 〈밥을 담아 먹는 데 쓰는 그릇〉

'담다', '담는 데 쓰다', '담아 먹다', '담아 먹는 데 쓰다'는 구체화의 정도가 다른 표현들이다. 하지만 이들은 공통적으로 '그릇, 동이, 보,

93) 〈문에 달린 둥근 물체〉의 의미뿐만 아니라 '문고리'의 기능에 해당되는 〈문을 잠그거나 여닫는 손잡이로 쓰는〉도 문고리의 필수적인 의미 성분이다. 5.1.1은 어기 의미에 해당되는 구성 정보와 조어 의미에 해당되는 구성 정보를 구분하는 데 초점이 있으므로 이를 함께 언급하지 않았다.

공기'의 기능을 기술하고 있다. 실질적인 의미의 차이를 보이는 것이 아니라 단순히 기술상의 차이일 뿐인 것이다.

〈N1에 쓰는 N2〉의 〈쓰다〉 역시 합성어에 따라 어기의 의미인 경우도 있고, 어휘적 조어 의미인 경우도 있다. '과일칼'과 '고깃배'를 비교해 보자.

(4) 가. 과일칼: 〈과일을 깎는 작은 칼〉[94)]

¶ 이 과일칼로 사과 좀 깎아라.

나. 칼(01): 〈물건을 베거나 썰거나 깎는 데 쓰는 도구〉

¶ 칼을 숫돌에 갈다.

(5) 가. 고깃배: 〈=어선05(고기잡이를 하는 배)〉

¶ 섬 주변에는 갈매기만 날아다닐 뿐 고깃배는 한 척도 보이지 않았다.

나. 배(02): 〈사람이나 짐 따위를 싣고 물 위로 떠다니도록 나무나 쇠 따위로 만든 물건〉

¶ 태풍 때문에 배가 뜨지 못했다.

'칼'과 '배'는 모두 기능 정보를 본질적 속성으로 가지는 단어이다. 그렇다면 '과일칼'과 '고깃배'에 포함된 기능 정보는 어기의 의미로 분석될 것이라 예상된다. 하지만 '고깃배'의 경우 어기의 의미로 볼 수 없는 기능 정보, 즉 어휘적 조어 의미에 해당되는 기능 정보가 포함되

94) 〈작은〉은 '과일칼'의 부차적 정보로 의미를 기술하거나 의미 구조를 파악할 때 고려하지 않아도 된다.

어 있어 '과일칼'과 의미 구조에서 차이를 보인다.

〈표 12〉 '과일칼'의 의미 구성

형태	의미		
	어기 의미	조어 의미	
		문법석 조어 의미	어휘적 조어 의미
'과일'	〈과일〉	〈을〉	
'칼'	〈깎는 도구〉		
'과일칼'	〈과일을 깎는 도구〉		

〈표 13〉 '고깃배'의 의미 구성

형태	의미		
	어기 의미	조어 의미	
		문법적 조어 의미	어휘적 조어 의미
'고기'	〈고기〉	〈를〉 〈-ㄴ〉	〈잡다〉
'배'	〈배〉		
'고깃배'	〈고기를 잡는 배〉		

'과일칼'의 의미 기술에서 발견되는 기능 정보 〈깎다〉는 '칼'의 의미에 속한다. 하지만 '고깃배'의 의미 기술에서 발견되는 기능 정보 〈잡다〉는 '배'의 의미로 볼 수 없다. '배'의 본질적인 기능은 사람(또는 짐)을 태우고(싣고) 나르는 것이기 때문이다. 그러므로 '과일칼'의 〈깎다〉는 '칼'의 의미, 즉 어기 의미에 해당되고, '고깃배'의 〈잡다〉는 '고기'와 '배'의 결합 문맥에서 추론된 의미, 즉 어휘적 조어 의미에 해당된다.

5.1.3. 작인 관련 사건 구조

작인 관련 사건 구조는 〈N1으로 만든 N2〉에서 〈만들다〉를 말한다. 이 역시 구성 성분의 의미나 의미를 기술하는 태도에 따라 '만들어지다, 쑤다, 짓다' 등과 같이 달리 표현될 수 있다. 앞서 살펴본 '돌그릇'이 작인 관련 사건 구조를 어휘적 조어 의미로 가지는 합성어이다. 하지만 이 역시 〈만들다〉가 어휘적 조어 의미가 아니라 어기의 의미인 경우가 있으므로 유의하여야 한다. '계란빵'과 '종이배'를 비교해 보자.

(6) 가. 계란빵: 〈밀가루에 달걀을 넣고 둥글넓적하게 찌거나 구운 빵〉

¶친구와 계란빵을 하나씩 들고서 호호 불어 가며 먹었다.

나. 빵(01-1): 〈밀가루를 주원료로 하여 소금, 설탕, 버터, 효모 따위를 섞어 반죽하여 발효한 뒤에 불에 굽거나 찐 음식〉

¶제과점에서 갓 구워 낸 빵을 사 먹었다.

다. 종이배: 〈종이로 만든 배〉

¶종이배를 접어서 강물에 띄워 보내다.

'빵'은 재료와 가공법, 즉 작인 정보 중심의 의미를 가진다. 〈밀가루를 찌거나 굽다〉는 '빵'의 의미, 즉 어기 의미에 속한다. 하지만 '배'는 앞서 언급했듯이 기능 정보 중심의 의미를 가진다. '종이배'의 의미 기술에서 발견되는 〈만들다〉는 어휘적 조어 의미에 해당된다.

〈표 14〉 '계란빵'의 의미 구성

형태	의미		
	어기 의미	조어 의미	
		문법적 조어 의미	어휘적 조어 의미
'계란'	〈계란〉	〈을〉	
'빵'	〈밀가루 반죽에 여러 재료를 넣어 구운 음식〉		
'계란빵'	〈밀가루 반죽에 계란을 넣어 구운 음식〉		

〈표 15〉 '종이배'의 의미 구성

형태	의미		
	어기 의미	조어 의미	
		문법적 조어 의미	어휘적 조어 의미
'종이'	〈종이〉	〈로〉 〈-ㄴ〉	〈만들다〉
'배'	〈배〉		
'종이배'	〈종이로 만든 배〉		

5.2. 비유 의미

비유는 언어 형식에 새로운 의미를 부여하는 방식의 하나이다. 비유에 의한 의미 생성은 여러 층위에서 일어날 수 있다. 합성어의 경우, 비유에 의한 의미 생성은 어기의 층위와 합성어의 층위, 두 곳에서 일어난다.[95] 이 중 어기 층위에서 생성된 비유 의미는 합성적 의미의 구성 요소가 되지만 합성어 층위에서 생성된 비유 의미는 말 그대로 합성이 완료된 뒤 합성어를 단위로 생성되므로 합성적 의미로는 볼 수 없다. 합성어가 하나의 어휘소로서 겪는 의미 파생의 결과이기 때문이다.[96] 어기 층위의 비유 의미는 합성적 의미의 구성 요소가 되지만 합성어 층위의 비유 의미는 합성적 의미의 구성 요소가 될 수 없다.

이 장에서는 어기 층위의 비유 의미가 합성적 의미의 구성 요소이며, 어휘적 조어 의미에 속한다는 점을 강조할 것이다. 비유 의미를 합성적 의미의 구성 요소로 분류하는 것이 생소하게 느껴질 수 있을 것이다. 하지만 합성적 의미와 비합성적 의미를 구분하는 핵심 기준은, 합성에 의해 생성된 의미인가 그렇지 않은가이다. 비유는 합성의 과정에서도 일어날 수 있고, 합성이 끝난 뒤에도 일어날 수 있다. 비유 의미의 포함 여부 그 자체가 합성적 의미와 비합성적 의미를 구분하는 기준이 될 수 없다는 것이다. 합성의 과정에서 생성된 비유 의미는 어휘적 조어 의미이며 합성어의 합성적 의미를 구성하는 요소가 된다.

김진해(2014)에서는 은유에 의해 생성된 의미가 개입된 합성 명사를 '은유적 합성 명사'로 지칭하고, 이를 은유적 요소의 위치에 따라 다음 네 유형으로 구분하였다.

(7) 은유적 합성 명사의 유형(김진해 2014: 38)
가. 은유적 수식어 + 머리어: 벼락부자,[97] 배추머리

---

95) 유승국(2012)에서는 합성 동사에 포함된 비합성적 의미를, 합성 동사의 기본 의미에 기저를 둔 경우와 합성 이전의 어기의 의미에 기저를 둔 경우로 나누어 살폈다. 또한 도재학(2016: 37-39)에서는 이와 같은 구분을 문장 단위에 적용하여, 문장과 관련된 비유 의미를 '문장 구성 요소의 비유 의미'와 '문장 전체의 비유 의미'로 나누었다.

96) 이숙경(2004)에서는 이를 구성 성분 변이형으로 부른다.

97) '배추 머리'는 『우리말샘』에서만 구 표제어로 등재하고 있다. 이와 달리 『표준』에서는

나. 수식어 + 은유적 머리어: 이야기꽃, 바늘귀
다. 은유적 수식어 + 은유적 머리어
라. 전체가 은유: 병목, 종이호랑이

비유의 실현 위치를 고려하면 위 네 예문은 크게 둘로 구분된다. (7가~다)는 어기의 비유 의미가 포함된 합성 명사이고, (7라)는 합성어 전체를 단위로 비유가 일어난 합성 명사이다. (7가~다)에 속하는 합성어는 합성적 의미를, (7라)에 속하는 합성어는 비합성적 의미를 가진다. (7라)에 해당되는 예는 합성적 의미와 비합성적 의미의 변별을 다룬 부분(2.1.2절)에서 다루었으므로, 여기에서는 (7가~다)의 예들을 살핀다.

5.2.1. 선행 성분의 비유 의미

먼저 은유적 수식어와 머리어로 구성된 합성어의 예(7가)부터 살펴보자.

(8) 가. 꽃구름: 〈여러 가지 빛을 띤 아름다운 구름〉
¶ 하늘에 핀 꽃구름을 우리 정원에 가져다 놓았으면 좋겠다.
나. 까마귀발: 〈때가 덕지덕지 낀 시꺼먼 발을 비유적으로 이르는 말〉
¶ 코크스 부스러기 때문에 까마귀발을 하고 둘러선 우리들은

표제어로 등재하지 않았는데, 규범 사전에서는 합성어로서의 지위뿐만 아니라 표제어로서의 지위 역시 아직 인정받지 못한 것이다.

누구 하나 입을 열지 못했다.

은유는 두 대상에서 공통 특성을 포착하여 성립된다. 은유어로 사용된 단어의 입장에서 보면, 공통점으로 포착된 특성을 새로운 의미로 얻게 되는 셈이다. '꽃구름'에서 '꽃'의 의미는 〈꽃〉이 아니라 〈아름다움〉이다. 이는 사람들이 꽃을 보고 느끼는 감정을 꽃의 속성으로 포착하여 생성된 비유 의미이다. '까마귀발'의 '까마귀'는 〈새까맣고 더러운 상태〉를 의미한다. 이는 까마귀의 색으로 인해 생성된 비유 의미이다. '까마귀발'의 의미 구조를 표로 보이면 다음과 같다.

〈표 16〉 '까마귀발'의 의미 구성

<table>
<tr><th rowspan="3">형태</th><th colspan="3">의미</th></tr>
<tr><th rowspan="2">어기 의미</th><th colspan="2">조어 의미</th></tr>
<tr><th>문법적 조어 의미</th><th>어휘적 조어 의미</th></tr>
<tr><td>'까마귀'</td><td></td><td rowspan="2">〈-ㄴ〉</td><td>〈새까맣고 더러운 상태〉</td></tr>
<tr><td>'발'</td><td>〈발〉</td><td></td></tr>
<tr><td>'까마귀발'</td><td colspan="3">〈새까맣고 더러운 발〉</td></tr>
</table>

5.2.2. 후행 성분의 비유 의미

다음으로 수식어와 은유적 머리어의 구성으로 이루어진 합성어(7나)의 예를 살펴보자.

(9) 가. 구름바다: 〈=운해(3)(산꼭대기나 비행기에서 내려다보았을

때 바다처럼 널리 깔린 구름)〉

¶산 아래를 굽어보니 구름바다가 넓게 펼쳐져 있다.

나. 꾀주머니: 〈많이 가지고 있는 꾀나 꾀를 많이 가지고 있는 사람을 비유적으로 이르는 말〉

¶남진이는 꾀주머니를 차고 앉아 돌아가는 일의 사정을 지켜보고 있었다.

'구름바다'에서는 후행 성분 '바다'가 〈무언가가 많이 있는 상태〉라는 비유 의미를 갖는다. 이는 넓은 공간에 물이 가득한 바다의 상태가 비유 대상과의 공통 특징으로 포착되어 생성된 비유 의미이다. '꾀주머니'에서 '주머니'는 〈무언가가 많이 있는 상태〉를 뜻한다. 이는 주머니의 다양한 존재 양태 중, 가득 찬 상태를 비유 대상과의 공통 속성으로 인식하여 생성된 비유 의미이다. '구름바다'의 의미 구조는 다음과 같다.

〈표 17〉 '구름바다'의 의미 구조

<table>
<tr><th rowspan="3">형태</th><th colspan="3">의미</th></tr>
<tr><th rowspan="2">어기 의미</th><th colspan="2">조어 의미</th></tr>
<tr><th>문법적 조어 의미</th><th>어휘적 조어 의미</th></tr>
<tr><td>'구름'</td><td>〈구름〉</td><td rowspan="2">〈이〉</td><td></td></tr>
<tr><td>'바다'</td><td></td><td>〈많이 있는 상태〉</td></tr>
<tr><td>'구름바다'</td><td colspan="3">〈구름이 많이 있는 상태〉</td></tr>
</table>

그런데 '꾀주머니'에는 〈꾀가 많은 상태〉뿐만 아니라 〈꾀가 많은 사람〉의 의미도 함께 기술되어 있다. 전자(상태)는 '꾀'의 의미에, '주머

니'가 은유를 통해 얻은 의미 〈무언가가 많이 있는 상태〉가 더해진 결과이다. 이와 달리 후자(사람)는 은유가 일어난 뒤, 환유를 한 단계 더 거쳐 생성된 의미이다. 〈남달리 크게 튀어나온 머리통〉을 뜻하는 단어 '짱구'를 〈그런 머리를 가진 사람〉의 의미로 사용하는 것과 동일한 방식이다. 그런데 이 경우, 환유가 일어난 층위를 어디로 볼 것인가가 중요한 문제가 된다.

합성어에서의 의미 전이의 시점에 대해 본격적으로 관심을 가진 논의는 최지훈(1999), 채현식(2006)이 있다. 최지훈(1999)에서는 합성 명사에서 나타나는 의미 전이가 모두 합성 과정에서 일어난다고 본다. 단어의 비유 의미는 그것이 사용되는 특정 문맥이나 상황 속에서 드러나는데, 합성 명사를 형성할 때에는 '합성 공간'이 문맥과 같은 역할을 하여 구성 성분의 의미 전이를 일으킨다는 것이다.

이와 달리 채현식(2006)에서는 합성 과정 이전에 일어난 의미 전이 현상이 존재한다는 점을 지적하였다. 이를 관습화로 설명하는데, 관습화란 전이된 의미가 시간이 지남에 따라 자주 쓰이게 되면서 근원어의 어휘적 의미로 고착되는 과정(채현식 2006: 11)을 말한다. 이 논의에서는 관습화가 일어나는 층위를 단어 층위와 틀(schema) 층위로 나눈다.[98]

(10) 개별 단어 층위에서 전이된 의미의 관습화(채현식 2006: 12)
가. 'N머리'
ㄱ. 곱슬머리, 노랑머리, 파마머리('머리카락'의 의미)

98) 이 논의에서는 관습화되지 않은 의미는 표적어와 근원어의 유사성을 찾는 심리 과정이 필요하지만, 관습화된 의미는 근원 영역과 표적 영역 사이를 비교하여 둘 사이의 유사성을 찾는 과정을 거칠 필요가 없기 때문에 두 의미의 인지적 지위가 다르다고 본다.

ㄴ. 산머리, 지겟머리, 기둥머리('윗부분'의 의미)

ㄷ. 말(語)머리, 뱃머리, 앞머리('앞부분'의 의미)

나. '위ㅅN', '아래ㅅN'

ㄱ. 윗세대, 아랫세대('시간'의 의미)

ㄴ. 윗사람, 아랫사람('통제/지배'의 의미)

(11) 틀(schema) 층위에서 전이된 의미의 관습화

가. -벌레[한 가지 일에 지나치게 몰두하는 사람]: 공부벌레, 돈벌레, 밥벌레, 일벌레, 책벌레, …

나. 소나기-[세찬 기세, 또는 한꺼번에 연이어 일어남]: 소나기골, 소나기땀, 소나기매, 소나기밥, 소나기술, 소나기여행

합성적 의미와 비합성적 의미를 판별하는 제1 기준은 합성어의 의미가 생성된 시점, 즉 해당 의미가 합성을 통해 생성된 의미인가, 합성이 완료된 뒤에 생성된 의미인가에 있다. 그렇기 때문에 사실 은유의 성립 시점이 합성 이전인가, 합성 과정인가는 합성적 의미와 비합성적 의미의 판별에 영향을 주지 않는다. 합성 이전이라면 구성 성분의 다의가 합성에 참여한 것이므로 당연히 합성적 의미가 되고, 합성 과정이라면 구성 성분의 상호 작용을 통해 생성된 의미이므로 이 역시 합성적 의미가 되기 때문이다. 합성 이전에 생성된 비유 의미와 합성 과정에서 생성된 비유 의미는 모두 합성적 의미의 구성 요소이긴 하지만 그 위상은 다르다. 합성 이전에 생성된 비유 의미는 어기 의미이나, 합성 과정에서 생성된 비유 의미는 어휘적 조어 의미이기 때문이다.

합성적 의미와 비합성적 의미를 구분하는 논의에서 더 중요한 기준

은 은유에 의한 의미 전이 현상이 합성의 과정에서 일어났는가 아니면 합성 이후에 일어났는가 하는 것이다. 〈꾀가 많은 사람〉이라는 환유적 의미를 가지는 '꾀주머니'의 예로 다시 돌아가 보자. 환유가 발생한 시점은 두 가지로 나누어 생각해 볼 수 있다.

먼저 환유가 어기의 층위에서 일어났다고 볼 수 있다. '주머니'의 은유적 의미 〈많이 가진 상태〉가 환유를 통해 〈많이 가진 사람〉으로 확장된 뒤, '꾀'와 결합했다고 보는 것이다. 채현식(2006)의 논의를 적용하면, '주머니'가 〈많이 가진 상태〉라는 은유적 의미뿐만 아니라 〈많이 가진 사람〉이라는 환유적 의미 역시 패턴을 통해 추상화된 틀을 가지고 있다고 설명할 수 있겠다.[99]

이와 달리 환유가 합성어의 층위에서 일어났다고 볼 수도 있다. '꾀'와, 은유된 '주머니'가 결합되어 〈꾀가 많은 상태〉를 이룬 뒤 이것이 〈꾀가 많은 사람〉으로 환유되었다고 보는 방식이다. 전자는 의미 파생이 모두 어기의 층위, 즉 합성의 과정에서 이루어졌기 때문에 합성적 의미로 분류되고, 후자는 합성이 끝난 후 합성어 자체가 겪은 의미 파생이므로 비합성적 의미로 분류된다.

이는 비합성적 의미로 판단된다. 'N주머니'가 일관되게 〈N을 많이 가진 사람〉이라는 한정된 범주의, 즉 범주가 고정된 비유 의미만을 가진다면 이를 틀 층위에서 전이된 의미로 보는 것에 무리가 없을 것

---

99) 『표준』에는 '주머니'의 다의로 〈((일부 명사 뒤에 붙어))무엇이 유난히 많은 사람을 비유적으로 이르는 말〉만이 기술되어 있다. 하지만 해당 용례로 '고생주머니'(〈힘든 일이 늘 많은 것을 비유적으로 이르는 말〉: 나는 태어날 때부터 고생주머니를 달고 나왔는지 여태껏 마음 놓고 쉬어 본 적이 없다.)가 함께 제시되어 있어 정보의 일관성에 문제가 있다. 뜻풀이를 수정하거나 용례를 삭제하는 방식으로 수정해야 할 것이다.

이다. 하지만 앞서 살펴보았듯이 'N주머니'는 〈N을 많이 가진 사람〉뿐만 아니라 〈N이 많은 상태〉의 의미도 가진다. 물론 두 의미가 별개의 은유 과정을 통해 생성되었다고 볼 수 있는 가능성도 존재한다. 하지만 두 의미가 가진 의미적 연관성은 분명하다. 그러므로 〈N이 많은 상태〉가 은유를 통해 생성된 뒤, 이 의미로부터 환유를 통해 〈N이 많은 사람〉이 생성되었다고 볼 경우, 두 의미의 파생 관계 역시 함께 설명할 수 있다는 이점이 생긴다는 것이다.

'N주머니'의 합성어가 다수 존재한다는 것은 '주머니'가 패턴을 통해 추상화된 틀을 가지고 있을 것이라는 추측을 가능하게 한다. 하지만 이것이 〈많이 가진 상태〉와 〈많이 가진 사람〉으로 구분되어 있을 것이라고는 판단하기 어렵다. '꾀주머니'의 용례를 다시 한 번 살펴보자.

(12) (=10나) 남진이는 꾀주머니를 차고 앉아 돌아가는 일의 사정을 죄 지켜보고 있었다.

(12)의 문장은 두 가지 의미로 해석될 수 있다. 하나는 남진이가 문제 상황을 해결하기 위한 다양한 꾀를 가지고 있다는 해석이고, 다른 하나는 꾀가 많은 사람들을 포섭하고 있다는 해석이다. 전자는 '꾀주머니'가 〈꾀가 많은 상태〉를, 후자는 〈꾀가 많은 사람〉을 의미하는 것이다. '꾀주머니'가 두 의미 중 구체적으로 어떤 의미를 전달하기 위해 사용된 것인지는, 합성어 '꾀주머니'나 '꾀주머니'가 포함된 문장만으로는 파악할 수 없다. 두 의미는 '꾀주머니'가 사용된 화맥을 통해서만 변별이 가능하다.

이에 보편적인 대상에 적용할 수 있는 의미가 합성된 뒤, 의미 영역이 한정되는 방식의 의미 파생을 겪었다고 분석하는 편이 좀 더 논리적이라 판단된다. 즉, '꾀주머니'의 두 의미는 '주머니'의 은유된 의미가 결합되어 〈꾀가 많은 상태〉라는 합성적 의미가 생성된 뒤, 이 의미가 화맥을 통해 〈꾀가 많은 사람〉이라는 환유적 의미를 얻게 된 것으로 분석한다.

5.2.3. 선후행 성분의 비유 의미

마지막으로 은유적 수식어와 은유적 머리어로 구성된 합성어(7다)의 예를 살펴보자.

(13) 가. 꽃밭(3): 〈미인 또는 여자가 많이 모인 곳을 비유적으로 이르는 말〉
¶ 겨우내 우중충하던 장안 거리언만 하루아침 봄바람이 불면 갑자기 날씬한 봄단장의 젊은 여인들로 해서 때아닌 꽃밭을 이루는 것이다.
나. 눈물바다: 〈한자리에 있는 많은 사람이 한꺼번에 울거나 눈물을 많이 흘리는 상황을 비유적으로 이르는 말〉
¶ 이산가족의 상봉장은 눈물바다가 되었다.

(13가)의 '꽃밭'은 선후행 성분이 모두 비유 의미로 결합된 합성어이다. '꽃'은 〈아름다운 여자〉를 의미한다. '꽃'과 '아름다운 여자'가 〈아름다움〉을 공통 속성으로 가진다고 인식하여 은유가 성립된 것이다.[100)]

---

100) '꽃밭(3)'에서 '꽃'이 가진 의미 〈아름다운 여자〉는 은유를 통해 생성된 의미 〈아름다

'밭'은 〈많이 있는 상태〉를 의미한다. 밭에 작물이 가득 심겨져 있는 상태를 포착하여 생성된 비유 의미이다.[101] 조어 의미 개재형에 속하는 합성적 의미에는 일반적으로 어기의 의미가 포함되어 있다. 하지만 선후행 성분이 모두 비유 의미로 결합된 합성적 의미는 조어 의미만으로 구성될 수 있다. 다음은 '꽃밭'의 의미 구조를 표로 보인 것이다.

〈표 18〉 '꽃밭'의 의미 구조

<table>
<tr><td rowspan="3">형태</td><td colspan="3">의미</td></tr>
<tr><td rowspan="2">어기 의미</td><td colspan="2">조어 의미</td></tr>
<tr><td>문법적 조어 의미</td><td>어휘적 조어 의미</td></tr>
<tr><td>'꽃'</td><td rowspan="2"></td><td rowspan="2">〈가〉</td><td>〈아름다운 여자〉</td></tr>
<tr><td>'밭'</td><td>〈많이 있는 곳〉</td></tr>
<tr><td>'꽃밭'</td><td colspan="3">〈아름다운 여자가 많이 있는 곳〉</td></tr>
</table>

'눈물바다'는 눈물을 흘리는 사람이 많은 상황을 의미할 수도 있고, 한 사람이 많은 눈물을 흘리는 상황을 의미할 수도 있다. 사전에서는

움〉이 환유를 통해 〈아름다운 여자〉로 확장된 것이다. '꾀주머니'에서와 마찬가지로 비유 의미의 생성 과정을 여러 단계 거쳐 생성된 의미이다. 단, '꽃'은 단일어이므로 '꾀주머니'와 달리 은유와 환유의 생성 층위를 나누어 고민할 필요는 없다.

101) 김계곤(1974나)에서는 합성어의 의미를 어기의 의미와 그 이상의 의미로 나누어 분석하였는데, 이때 어기의 파생 의미를 고려하지 않았다. 예를 들어 김계곤(1974나)에서는 '꽃밭'의 의미를 〈꽃이 많이 핀 곳=밭〉으로 푼 뒤, 이를 〈(앞)이 [많] [핀]한 (뒤)〉으로 분석하였다. 〈이 많이 핀〉을 '꽃밭'의 덧난 뜻으로 분석한 것이다. 하지만 '꽃밭'에서 '밭'은 〈무언가 많이 있는 곳〉의 비유로 사용되고 있으므로 '밭'이 담당하는 의미는 〈곳〉이 아니라 〈많이 핀 곳〉이 된다. 이 의미는 결합 구성에서만 확인되는 의미로, '밭'이 독립적으로 가질 수 없는 의미이다. 조어의 과정에서 '밭'의 의미가 비유를 통해 얻게 된 의미 그 자체가 조어 의미로 합성어의 의미를 구성하고 있는 것이다.

이를 반영하여 (13나)와 같이 두 상황을 아우를 수 있게 의미를 기술하고 있다.[102] 이 중 눈물을 흘리는 사람이 많은 상황이라는 의미는 선후행 성분이 모두 비유 의미를 가지는 경우이다. '눈물'은 〈눈물 흘리는 사람〉이라는 환유적 의미를, '바다'는 '물바다'에서와 마찬가지로 〈무언가가 많은 상태〉를 의미한다. 이와 달리 한 사람이 많은 눈물을 흘리는 상황이라는 의미에서는 후행 성분만 비유 의미를 가진다.

Benczes(2006), 김진해(2014)에서는 선행어와 후행어가 모두 비유 의미를 가지는 합성어의 예를 찾기가 매우 어렵다고 진술하였다. Benczes(2006: 103-105)에서는 선후행 성분이 모두 비유 의미를 가지는 예로 'chicken hawk(현재는 전쟁을 옹호하지만 과거에는 군 복무를 피하기 위해 특정 조치를 취했던 사람)'과 'flame sandwich(처음과 나중의 내용은 칭찬이지만 중간 내용은 부정적인 글)' 두 가지를 제시하였는데, 이들이 생산적이지 않으며, 자신도 이 예들을 '우연히' 발견하였다고 기술하고 있다.

하지만 강병창(2013: 145)에서도 지적하였듯이 이에 속하는 예들은 일상어에서도 드물지 않게 찾아볼 수 있다.[103] 다만 선후행어가 모두 비유 의미를 가진 채 결합된 것인지, 선후행어가 결합된 뒤 비유 의미를 얻게 된 것이지 판단하는 일이 쉽지 않았다. 즉 은유적 수식어와

102) '눈물바다'는 이 중 전자의 의미로 더 많이 사용된다.

103) 강병창(2013)에서는 이에 속하는 단어의 예로 '꿈나무〈학문, 운동 따위에 소질이나 재능이 있는 아이를 비유적으로 이르는 말〉, 불벼락(2)〈호된 꾸중이나 책망을 비유적으로 이르는 말〉, 칼바람(2)〈아주 혹독한 박해를 비유적으로 이르는 말〉, 꽃뱀(2)〈남자에게 의도적으로 접근하여 몸을 맡기고 금품을 우려내는 여자를 속되게 이르는 말〉, 꽃밭(3), 가시방석〈앉아 있기에 아주 불안스러운 자리를 비유적으로 이르는 말〉, 솜방망이(2)〈일정한 규칙이나 관습을 위반한 것에 대하여 너무 가볍게 또는 형식적으로 제한하거나 금지하는 것을 비유적으로 이르는 말〉, 앞가림〈제 앞에 닥친 일을 제힘으로 해냄〉, 쥐포수〈하찮은 것을 얻으려고 애쓰는 사람을 비유적으로 이르는 말〉'를 제시하였다.

은유적 머리어로 구성된 합성어의 예를 찾기가 어렵다기보다는 은유화가 결합 이전에 완료된 것인지 결합 후에 일어나는 것인지를 구분하는 것이 어렵다고 표현하는 것이 좀더 정확할 것이다.

여기서 한 가지 더 언급할 것은 합성의 과정에서 어떤 비유 의미가 생성되는지 예측하는 것이 불가능하다는 점이다. 비유 의미가 성립되기 위해서는 표현의 대상과 표현의 수단이 전제되어야 한다. 일반적으로 전자는 원관념으로, 후자는 보조 관념으로 구분하여 부른다. 비유 의미는 보조 관념으로 사용된 단어가 얻게 되는 의미이다.

'까마귀'의 예를 들어 보자. '까마귀발'에서 '까마귀'는 〈더러운 상태〉를 의미한다. 이는 까마귀의 까만 색깔에서 더러움을 연상한 결과, 생성된 의미이다. '까마귀소식'에서 '까마귀'는 〈알 수 없는 상태〉를 의미한다. 이는 까마귀의 까만 색깔에서 '까맣게 모르다, 까맣게 잊어버리다'와 같은 용법을 연상한 결과, 생성된 의미이다. 두 의미 모두 까마귀의 색상으로부터 연상된 의미이다. '까마귀'의 두 가지 비유 의미가 동일한 속성으로부터 추론되었다는 것이다. 하지만 그 결과는 전혀 다르다.

게다가 〈더러움〉이나 〈알 수 없음〉은 까만색에서 연상된 의미, 즉 까마귀의 속성으로부터 화자가 임의로 추론한 속성이므로 엄밀히 말하면 까마귀의 속성이라 할 수 없다. 이를 통해 알 수 있는 사실은 비유 의미가, 화자가 어떤 대상으로부터 연상할 수 있는 개념의 수만큼 생성될 수 있으며, 또한 연상의 범주가 제한되지도 않는다는 것이다. 그러나 비유 의미의 생성을 예측할 수 없다고 해도, 어기 층위의 비유 의미가 합성적 의미의 구성 요소라는 사실은 달라지지 않는다.

6장

파생어로의 논의 확장

: 파생어의 의미 구조와 접사의 의미

6장에서는 지금까지의 논의를 파생어로 확장하여 볼 것이다. 접사의 의미를 파생어의 의미 구조와 연계하여 고찰할 것인데, 이 과정에서 기존의 논의들이 접사의 의미로 귀속시키고 있는 의미 중 상당 부분이 접사의 의미가 아니라는 점을 강조하게 될 것이다. 파생어의 의미는 파생 과정에서 형성된 의미와 파생이 완료된 뒤 형성된 의미로 구분된다. 논의의 초점이 파생어의 의미 그 자체에 놓여 있을 때에는 이와 같은 구분을 전제로 논의가 진행된다. 하지만 논의의 초점이 접사의 의미로 옮겨지면 사정이 달라진다. 본고에서는 접사의 의미 역시 같은 전제 위에서 다루어져야 하며, 그럴 경우 접사의 의미 기술이 상당히 달라져야 한다는 점을 지적할 것이다.

언어 표현은 의미와 형식의 이원적 체계로 이루어져 있다. 파생어의 경우 파생어의 이원적 구조뿐만 아니라 구성 성분의 이원적 구조도 고려되어야 하므로 더욱 흥미로워진다. 파생어 형태의 형성 과정과 파생어 의미의 형성 과정이 별개의 층위에서 이루어진다는 함의가 해석되기 때문이다. 각각의 결합 과정은 개별적이며 동시에 연결되어 있다.

송현주(2011)에서는 Saussure(1916)에서 언급된 '자의성(arbitrariness)'과 '동기화(motivation)'의 개념을 이용하여 합성어가 가진 형식과 의미 간의 인지적 관련성을 설명하였는데, 파생어 역시 같은 맥락에서 이해가 가능하다.

파생어와 파생어의 형성 과정이 이원적이라는 것은, 파생어의 형태 구조와 파생어의 의미 구조를 살피는 과정도 구분되어야 한다는 것을 의미한다. 그간의 연구들은 주로 형태 층위에서의 결합 현상에 주목하였으며, 파생어 의미의 구성단위는 형태의 구성단위에 대응되는 것으로 간주되었다. 하지만 의미 구성단위와 형태 구성단위가 일대일 대응을 이루는 파생어는 일부분이다. 파생어를 형태 단위로 분석한 뒤, 파생어의 의미를 각 형태 단위에 배분하는 방식은 파생어의 의미 구조를 제대로 이해하는 데 방해가 되며, 또한 접사에 필요 이상의 부담을 지우게 된다. 이에 본고에서는 형태론적 관점에서 벗어나 파생어의 의미 구성을 살피고, 이 관점 위에서 파생어의 의미 중 접사에 귀속되어야 하는 부분을 규정하고자 한다.

접사의 의미는 다루기가 어렵다. 어기의 의미는 접사의 의미에 비해 상대적으로 명료하다. 접사와 결합되지 않은 형태, 즉 단독으로 사용된 예를 통해 의미를 파악할 수 있기 때문이다. 하지만 접사는 말 그대로 다른 말에 붙어서만 사용되기 때문에 의미를 파악하기가 훨씬 더 까다롭다. 파생어의 의미와 관련된 논의 중 상당수가 접사의 의미를 기술하는 것을 우선적인 과제로 삼고 있는 것도 이 때문이다.

논의를 시작하기 전에 한 가지 더 확인해야 할 것이 있다. 합성어의 의미와 마찬가지로 파생어의 의미 역시 예측 가능한 규칙의 결과물로 보지 않으며, 논의의 목적 역시 파생어의 의미 생성 규칙을 모색하는

데 두지 않는다는 점이다. 파생어의 의미를 분석적으로 다루는 논의 중에는, 파생어의 의미를 어기의 의미와 접사의 의미를 변수로 하는 함수의 결괏값으로 보는 경우가 적지 않다. 파생어의 의미가 일정한 규칙으로 설명될 수 있다는 기대가 포함된 것으로, 어기의 의미와 접사의 의미가 가진 조건을 잘 정리하면 파생어의 의미를 예측할 수 있다는 관점이다. 하지만 파생어의 의미는 구성 요소의 특성뿐만 아니라 단어의 형성 당시 화자가 가진 표현 의도 및 생성 맥락 등에 의해서도 큰 영향을 받는다. 파생어에 제3의 의미가 포함되거나 형성 가능한 여러 의미 중 몇 가지가 정착 의미로 인정받는 과정은 예측이 어렵다.

6.1절에서는 선행 연구를 살피는 일환으로 파생어의 의미를 형태론적 관점에서 분석하는 논의들, 즉 '형태 중심의 분석 방법'을 살핀다. 6.2절에서는 의미론적 관점에서 파생어의 의미를 다루는 방식, 즉 '의미 중심의 분석 방법'을 구체화할 것이다. 의미 중심의 분석 방법은 본고의 논의 이전에도 제안되었으나 의미 중심의 분석 방법을 적용하기 위해 필요한 개념들에 대한 논의는 충분하지 못하였다. 본고에서는 의미 중심의 분석 방법을 적용을 위해 선결되어야 하는 문제들을 다루고, 이를 바탕으로 접사의 의미로 귀속해야 할 범주를 확인할 것이다.

6.1. 형태 중심의 분석 방법

형태 중심의 분석 방법이란 파생어의 의미를 어기의 의미와 파생 접사의 의미로 나누어 분석하는 방식을 말한다. 즉 파생어의 의미 구성단위가 형태의 구성단위와 일치한다고 보는 견해이다. 형태 중심의 분석 방법은 접사의 의미를 다루는 방식에 따라 다시 두 가지로 더 나눌 수 있다.

접사의 의미를 기술하는 첫 번째 방식은 파생어의 의미에서 어기의 의미를 배제한 뒤 남은 의미를 파생 접사의 의미로 처리하는 것이다. 연구자가 어기의 의미를 잘라내고 남는 의미를 유형화한 결과가 파생 접사의 의미가 된다. 이때 어기의 의미 특성은 파생 접사의 의미 기술에 큰 영향을 미치지 않는 것으로 취급된다. 본고에서는 이를 '단절적 분석 방법'으로 부른다. 두 번째 방식은 어기의 의미 특성을 파생 접사의 의미 기술에 반영하는 것이다. 특히 이 방식은 접사의 다의를 기술할 때 적극적으로 활용된다. 어기의 의미 특성을 단의 변별 근거로 제시하는 것이다. 본고에서는 이를 '연계적 분석 방법'으로 구분한다.

6.1.1. 단절적 분석 방법

접사의 의미를 다루는 가장 직관적인 방법은 접사의 의미를 파생어의 의미에서 어기의 의미를 제외한 나머지로 처리하는 방식이다(송철의:1992 등). 조일규(1994)는 중세 국어 파생 접사의 의미 분석에 단절적 분석 방법을 일관되게 적용한 논의이다. 이 논의에서 제시한 접사 의미의 기술 과정은 다음과 같다.

(1) 가지의 뜻바탕을 먼저 그 가지가 결합된 파생어의 뜻에서 밑말의 뜻을 뺀 나머지의 뜻을 찾고 여기에서 다시 이들이 가진 공통된 뜻을 찾아 그것을 그 가지의 중심되는 뜻바탕으로 삼는다(조일규 1994: 34).

위에 제시된 의미 기술 과정은 두 단계로 나뉜다. 첫째는 파생어에서 어기의 의미를 배제하는 과정이고, 둘째는 나머지 의미들에서 공통점을 찾아 기본 의미를 설정하는 과정이다. 조일규(1994)에서는 파생접사의 의미를 '중심 뜻바탕'과 '특이 뜻바탕'으로 구분하는데, 중심뜻바탕이 기본 의미에 해당된다. 논의에 제시된 예를 살펴보자.

(2) 가. 중심 뜻바탕: X하는 일
예) 노리, 므ᄌᆞ미[무자맥질], 덥시기[덥거나 추운 것][104)]
나. 특이 뜻바탕
① X정도, 단위 예) 드리[105)]
② (X행위)의 특성을 가진 사물 예) ᄃᆞ리, 옷거리, 씌거리
③ (X행위)가 나타난 현상 예) ᄇᆡᆺ알히
④ (X행위)의 특성이 있는 시간 예) ᄒᆡ도디[106)]

(2)는 동사 어기에 결합하는 중세 국어 명사 파생 접미사 '-이'의 의미를 기술한 것이다. (2가)의 〈X하는 일〉은 파생어 '노리, 므ᄌᆞ미, 덥시기' 등에서 어기 '놀-, 므ᄌᆞᆷ-, 덥식-'의 의미를 배제하고 남은 의미를 정리한 것이다.[107)] 이 논의는 파생어의 의미가 낱말 형성 규칙에

104) 괄호 안의 현대 국어 대응어나 의미 풀이는, 논의의 편의를 위해 필자가 추가한 것이다.
105) 파생어의 예로 제시된 '드리'는 현대 국어에서는 '들이'의 형태로 표기된다. 『표준』에서는 이를 접사로 처리하고 있다. (2나①)은 (2가)나 (2나②, ③, ④)와 달리 어기의 동사로서의 의미 특성이 드러나지 않는 방식으로 의미가 풀이되어 있으며, 현대 국어와 동일한 용법의 용례(ᄃᆞ 되 들이 쟉 「신정유합하:58」(1576))를 제시하고 있어 이 역시 현대 국어와 마찬가지로 접사로 처리될 가능성이 있다.
106) '해돋이'는 〈해가 돋는 시간〉뿐만 아니라 〈해가 돋는 일: 예)장엄하고 화려한 해돋이의 의식〉의 의미도 가진다. 전자만이 (2나④)에 해당되고 후자는 (2가)에 해당된다.

의해 규칙적으로 생성되며, 특이 의미는 여과 장치를 통해 부여되는 것이라는 하치근(1989)의 주장을 수용하고 있다. 여기에서 주목할 것은 파생어에 포함된 특이 뜻바탕이 접사에 귀속된 의미이며, 이것이 부여되는 과정 역시 규칙의 한 부분으로 본다는 점이다. 이 주장이 타당성을 얻기 위해서는, 여과 규칙의 명세화 과정이 필수적으로 요구된다. 하지만 현재 주어진 정보, 즉 파생 접사의 나열된 단의들은 의미 생성의 규칙을 파악하기에 충분한 것이라고 할 수 없다.

또한, 규칙에 의해 생성될 수 있는 파생어의 의미를 한 개로 제한하고 있다는 점도 문제가 된다. 이 논의에서는 파생어가 둘 이상의 의미를 가질 경우 가장 구체적이고 기본적인 의미는 규칙에 의해 생성된 것으로, 그 외의 의미는 의미 확장에 의해 생성된 것으로 구분한다. 예를 들어 '마기'는 〈막는 일〉과 〈마개〉의 의미를 가지는데, 〈막는 일〉은 규칙에 의한 결과로, 〈마개〉는 〈막는 일〉로부터 의미 확장을 겪은 결과로 구분하는 식이다. 그런데 이와 같은 구분은 논의 내에서의 모순을 낳게 된다. 〈마개〉를 뜻하는 '마기'와 (2나②)의 '옷거리'의 관련성으로 인해 특이 뜻바탕에 기술된 의미 전체를 의미 확장에 의해 생성된 의미로 처리할 가능성이 열리게 되는데, 그렇게 되면 특이 뜻바탕이 접사의 의미에 속한다는 설명과 상충되기 때문이다.

이 외에도 중요한 문제가 한 가지 더 있다. 바로 제시된 접사의 다의를 변별할 수 있는 기준이 보이지 않는다는 것이다. 예를 들어 '배앓이'의 '-이'를 〈배를 앓는 일〉, 즉 (2가)에 속하는 것으로 분석하지 않고

---

107) 〈X하-〉는 어기가 담당하는 의미를 표상하는 부분이므로, 괄호를 이용하여 〈(X하)는 일〉과 같이 어기가 담당하는 의미를 구분해 주는 것이 보다 명료한 기술이 된다. 또한 (2나)에 제시된 의미 기술과의 일관성도 확보할 수 있다.

(2나③)으로 분석해야 하는 이유가 무엇이며, 두 의미가 서로 어떻게 변별되는지 등에 대한 설명이 제시되어 있지 않다. 해당 접사의 의미 기술에 사용된 단의 변별 기준이 무엇이며 그 기준들이 타당한지, 또한 기준이 일관되게 적용되어 있는지 판단할 수 있는 근거가 필요하다. 이 점을 극복하기 위한 대안으로 제시된 것이 다음에 살펴볼 연계적 분석 방법이다.

6.1.2. 연계적 분석 방법

연계적 분석 방법은 접사의 단의를 기술하는 데 어기의 특성을 적극적으로 반영하는 의미 기술 방법이다. 연계적 분석 방법은 단절적 분석 방법과 동일하게 파생어의 의미를 어기의 의미와 접사의 의미로 양분한다. 단, 어기의 문법적, 의미적 속성을 명세하여 접사의 단의를 변별하는 기준으로 제시한다는 점이 중요한 차이이다.

김혜령(2007)에서는 현대 국어 고유어 접사의 의미를 연계적 분석 방법으로 기술하였다. 다음은 논의에 제시된 접사 단의 기술의 기준과, 해당 기준을 적용하여 분석한 명사 파생 접미사 '-이'의 의미이다.

(3) 접사 단의 설정의 기준(김혜령 2007: 18)

가. 파생어의 문법 범주

나. 어기의 의미적 부류

다. 어기의 문법 범주

〈표 19〉 '-이3'의 단의별 환경 구분(김혜령 2007: 47-48)

파생어의 문법 범주	선행 어기		해당 용례	단의
	문법 범주	의미적 부류		
명사	동사	동작	먹이, 벌이, 해돋이, …	①그러한 것.
		동작	때밀이, 젖먹이, …	②그러한 일을 하는 사람.
		동작	재떨이, …	③그러한 일에 사용되는 물건.
	형용사	정도	길이, 높이, 넓이, …	④그러한 정도.
	명사	비정상적인 신체의 일부	애꾸눈이, 절름발이, …	⑤그러한 특성을 가진 사람.
	부사	의성의태어	짝짝이, 딸랑이, 꿀꿀이, …	⑥그러한 특성을 가진 대상.

김혜령(2007)에서는 접사의 의미를 기술할 때 각 의미가 실현되는 객관적인 조건으로 파생어의 문법 범주, 어기의 문법 범주, 어기의 의미적 부류를 제시하였다.[108] 앞서 단절적 분석 방법의 한계로 지적되었던 문제점을 해소하기 위한 시도이다.

하지만 〈표 19〉에서 확인할 수 있듯이, 제시된 단의 설정 기준 역시 해당 접사의 단의를 변별하기에 충분하다고는 볼 수 없다. 예를 들어, 〈표 19〉에서 '-이'의 단의 ①~③은 파생어의 문법 범주, 어기의 문법 범주, 어기의 의미 부류가 모두 동일하므로, 정리된 조건으로는 단의의 변별점이 드러나지 않는다. 이를 해결할 수 있는 방법은 두 가지이

108) 노대규(1981)에서는 접사 '-답-'의 의미를 기술하기 위해, 어기의 제약뿐만 아니라, '-답-'이 포함된 구문 'N1은 N2답다'에서 N1과 N2의 관계까지 함께 살폈다. 접사의 특성에 따라 어기의 의미 속성뿐만 아니라 구문 내 공기하는 어휘의 의미 속성까지 아울러 제시할 수 있다는 것을 보여준다.

다. 하나는 단의를 변별할 수 있을 만큼 단의 변별 기준을 더욱 세분하는 것이고, 다른 하나는 단의를 변별하지 않는 것이다.

전자는 결국 어기의 의미 특성을 보다 세분하는 방식이 될 것이다. '젖먹이'의 '-이'가 〈(X하)는 사람〉의 의미를 실현하기 위한 조건을 어기의 의미 특성에서 찾아내어야 하는 것이나. 더 나아가 '때밀이'의 '-이'와 달리 '젖먹이'의 '-이'가 〈(X하)는 것(일)〉의 의미를 실현하지 않는 이유 역시 설명해 줄 수 있어야 한다. 하지만 심재기(1982: 310)에서 지적하였듯이 "추상과 구상 간의 의미상의 가역 현상이 일어나는 것은 특정한 어휘가 단일한 언어 사회에서 얼마나 빈번하게 쓰이느냐 하는 문제이기 때문에 이런 현상을 규칙화하기는 어려울 것"이다.

그렇다면 남은 방법은 접사의 단의를 변별하지 않는 것인데, 이 경우 파생어를 통해 실현되는 다양한 의미가 접사의 다의, 즉 접사에 귀속된 의미라는 관점이 함께 폐기된다. 형태 중심의 의미 분석 방법을 유지할 수 없게 되는 것이다. 파생어로 실현되는 다양한 의미를 어기의 의미로 귀속시킬 수 있다면 형태 중심의 의미 분석 방법을 고수할 수도 있을 것이다. 예를 들어 '때밀이'에 포함된 〈사람〉의 의미를 접사의 의미에 속한 것으로 분석하지 않고, 이를 어기의 의미로 분석하는 식이다. '때밀-'은 행위를 뜻하는 단어로, 〈사람〉의 의미와 관련성을 가지고 있다고는 할 수 있다. 하지만 '때밀-' 자체에 〈사람〉의 의미가 귀속되어 있다고는 보기 어렵다. 어떤 의미와의 관련성을 설명할 수 있다는 것과, 그 의미를 가지고 있다는 것은 다른 차원의 문제이기 때문이다. 이제 의미 중심의 분석 방법을 이용하여, 이상의 문제를 다른 시각에서 살펴보자.

6.2. 의미 중심의 분석 방법

의미 중심의 분석 방법이란 말 그대로 의미 단위를 기준으로 파생어의 의미 구성 요소를 분석해 내는 방식을 말한다. 형태 구성단위와 완전히 유리된 새로운 의미 구성단위를 설정해야 한다는 것은 아니다. 앞서 어기의 의미를 배제한 나머지 의미를 모두 접사에 귀속시키는 것으로 의미 분석이 완료되었다고 보기 어렵다는 점을 지적하였다. 이를 해결하기 위해 형태 구성 성분와 대응되지 않는 의미를 별도의 의미의 구성단위로 인정해 주어야 한다는 것이다.

파생어의 의미에 어기와 접사의 의미를 넘어서는 제3의 의미가 포함되어 있다는 주장은 새롭지 않다. 구본관(2002: 118)에서는 어기의 의미와 접사의 의미 외에 파생어의 의미를 구성하는 또 다른 의미 단위가 존재한다는 점을 지적하고, 이를 반영하여 파생어의 의미 구조를 다음과 같이 제시하였다.

(4) X(변수, 어기의 의미)+Y(변수, 접사의 의미)+(α)(파생어가 되면서 생기는 변화)

→ f(X, Y)(파생어의 의미) + (β)(파생어 형성 이후의 의미 변화)

(4)에서 주목할 부분은 파생어가 가질 수 있는 제3의 의미를 '파생어가 되면서 생기는 변화 α'와 '파생어 형성 이후의 의미 변화 β'로 구분하였다는 것이다. 이 논의에 제시된 α와 β의 예는 다음과 같다.

(5) 가. 봄맞이1: 〈봄을 맞이하는 일〉
나. 봄맞이2: 〈앵초과의 한해살이풀 또는 두해살이풀〉
다. 봄맞-: 〈새싹이 돋고 꽃이 피며 날씨가 따뜻해지는 겨울의 다음 계절을 만나-〉[109]
라. -이: ① '…하는 행위 또는 사건'
② '…하는 데에 사용하는 물건이나 도구'
③ '…하는 사람이나 사물'

(6) 가. 옷걸이: 〈옷을 걸도록 만든 물건〉
나. 옷걸이에 옷을 걸다.
다. 그는 옷걸이가 참 좋다.

(5나) '봄맞이2'는 파생어가 되면서 생기는 변화로서의 의미 α를 설명하기 위해 제시된 예이다. (5가) '봄맞이1'의 의미는 제3의 의미 없이 어기 '봄맞-'과 접사의 '-이'의 의미(5라①)만으로 구성된다. 제3의 의미가 파생어의 필수적인 의미 구성단위는 아니다. 이와 달리 5나)의 의미에는 어기 의미와 접사 의미(5라③) 외에 〈특정한 식물〉이라는 제3의 의미가 포함되어 있는데, 이를 α로 본 것이다.

(6다)의 '옷걸이'는 파생어 형성 이후의 의미 변화로서의 β를 설명하기 위해 제시된 예이다. (6가)의 '옷걸이'가 가진 의미 〈옷을 걸도록 만든 물건〉은 어기 의미와 접사 의미(5라②)의 결합으로 형성된 것이나,

109) 구본관(2002)에서는 '봄'과 '맞-'의 의미를 따로 제시하고 있으나, 현재의 논의에 집중하기 위해 '봄맞-'의 의미를 합하여 제시하였다. '봄맞-'에도 '봄'과 '맞-'의 통사적 관계에 해당하는 〈'을'〉이 제3의 의미로 포함되어 있기 때문이다.

이와 달리 (6다)의 '옷걸이'가 가진 의미 〈옷을 입은 모양새〉는 파생어가 만들어진 이후의 의미 변화에 의해 형성된 의미 β라는 설명이다.[110] 이와 같은 설명을 듣고 나면 한 가지 의문이 떠오르게 된다. 파생어가 되면서 생기는 변화 α와 파생어 형성 이후의 의미 변화 β가 어떻게 구분되는가 하는 점이다.

6.2.1. 합성적 의미와 비합성적 의미의 구분

질문을 한마디로 정리하자면, α와 β가 달라 보이지 않는다는 것이다. '봄맞이2'는 봄을 맞는 식물 중에서도 특정한 하나의 식물을 가리킨다. 의미 특수화(개별화) 과정을 통해 의미 영역이 축소된 결과인데, '옷걸이'가 가진 의미 〈옷을 입은 모양새〉의 형성 과정도 이와 크게 달라 보이지 않는다.[111] 즉 파생어가 가진 제3의 의미를 파생 과정에서 생성되는 의미와 파생이 완료된 뒤 의미 확장을 통해 생성되는 의미로

---

110) 『표준』에서는 〈옷을 걸도록 만든 물건〉에 해당되는 단어는 '옷걸이'로, 〈옷을 입은 모양새〉에 해당되는 단어는 '옷거리'로 그 형태를 구분하여 등재하고 있다. '놀음/노름'과 마찬가지로 본뜻에서 멀어졌다고 판단하여 소리 나는 대로 적은 것이다(「한글 맞춤법」 제6장 제57항). 의미 확장의 여부에 따라 파생어의 어형을 달리 설정할 수 있다는 것인데, 실제 이 규정이 파생어 전체에 일관되게 적용되는 것은 아니다. 예를 들어 '물갈이'는 〈수족관이나 수영장 따위의 물을 가는 일: 예)금붕어를 잘 기르려면 무엇보다도 물갈이에 신경을 써야 한다.〉과 〈기관이나 조직체의 구성원이나 간부들을 비교적 큰 규모로 바꿈을 비유적으로 이르는 말: 예)이번 인사에서는 수뇌부의 대폭적인 물갈이가 예상된다.〉의 두 의미가 어형의 차이 없이 하나의 표제어 아래에 함께 제시되어 있다. 하지만 이상의 내용이 구본관(2002)의 논의에는 영향을 주지 않으므로 제시된 예를 그대로 인용하였다.

111) 구본관(2002: 119 각주15)에서도 익명의 논평자가 지적하였으며, 이와 같은 분석 역시 가능하다는 점을 언급하고 있다.

구분하기 위해서는 각 범주의 경계에 대한 논의도 함께 이루어져야 한다는 것이다.

두 의미를 구분하는 기준을 다룬 논의로는 정한데로(2014)와 김숙정(2017)이 있다. 정한데로(2014)는 복합어의 의미 구성을, 김숙정(2017)은 명사 구성 합성어의 의미 구성을 다룬 논의이다. 합성어와 파생어의 형태론적 지위는 서로 다르지만 황화상(2001)에서도 지적되었듯이 의미 중심의 연구를 지향하면 합성어와 파생어의 구분은 큰 의미가 없어진다. 또한 합성어의 결합 단위인 어기는 각각의 의미 경계가 파생어에 비해 비교적 분명하기 때문에, 그로 인해 의미의 귀속 문제도 좀더 분명한 편이다.

정한데로(2014)에서는 복합어에 포함된 제3의 의미 그 자체를 연구 대상으로 삼아 유형화를 시도하였다. 이 연구에서는 복합어의 의미를 합성적 의미와 비합성적 의미로 나눈 뒤, 이 중 합성적 의미에 포함된 제3의 의미를 α로 명명하였다. 개념상으로는 구본관(2002)의 α와 일치되며, 그 하위 유형은 다음과 같다.

(7) 생성 방식에 따른 α의 유형 분류(정한데로 2014: 142-145)

가. 의미 추가 α

구두닦이: 구두 닦는 일을 직업적으로 하는 사람

나. 의미 선택 α

떨이: 팔다가 조금 남은 것을 다 떨어서 싸게 파는 물건

다. 의미 비유 α

총알택시: 과속으로 달리는 택시

'의미 추가 α'는 '구두닦이'의 〈직업적으로〉를 말한다. '의미 선택 α'는 '떨다'의 여러 의미 중 〈팔다 남은 것을 모두 팔아 버리거나 사다〉의 의미가 선택되는 것을 말한다. 다의 중 특정 의미 하나를 선택하는 것 자체를 α로 설정한 것이다. '의미 비유 α'를 포함한 합성어의 예로는 '총알택시'가 제시되었다. '과속으로 달리는(빠른)'의 의미가 '총알'로 비유되어 합성어를 형성하는데, 이때 '총알'의 비유 의미 〈과속으로 달리는〉이 의미 비유 α에 해당된다는 것이다.

김숙정(2017)에서도 합성어의 의미를 합성적 의미와 비합성적 의미로 나눈다. 하지만 정한데로(2014)에 비해 비합성적 의미를 좀더 넓게 규정하였다는 차이가 있다. 합성어 전체가 맥락을 통해 얻게 되는 의미를 합성적 의미에서 배제하였기 때문이다.[112]

정한데로(2014: 77)에서는 비합성적 의미를 '공시적 결합을 상정하기 어려운 통시적 변화'로 좁게 정의한다. '거추장스럽다, 뇌꼴스럽다'처럼 의미가 불분명하고 자립 명사나 어근으로 보기 어려운 성분(거추장-, 뇌꼴-)을 포함하고 있는 경우만을 비합성적 의미를 가지는 합성어로 본 것이다. 합성적 의미와 비합성적 의미를 구분하는 기준으로 결합의 공시성을 든 것인데, 이때 공시성의 판정 기준은 형태론적 기준인 어기의 자립성이다. 정한데로(2014)에서는 이 외의 의미를 모두 합성적 의미의 범주에 포함한다. 김숙정(2017)에서는 합성적 의미의 범주를 다

---

112) '합성적 의미'에 대한 정의는 연구자마다 차이가 있다. 황화상(2001)에서는 합성적 의미를 매우 좁게 설정하고 있는데 어기가 가진 의미 그 이상의 의미를 모두 합성성을 벗어난 의미로 본다. 예를 들어 〈산에 사는 사람〉을 뜻하는 '산사람'은 황화상(2001)의 논의에서는 비합성적 합성어로 분류된다. 〈산〉과 〈사람〉의 의미를 넘어서는 의미 〈살다〉가 포함되어 있다고 보았기 때문이다. 김숙정(2017)은 황화상(2001)과 정한데로(2014)의 중간 지점에 있다고 볼 수 있다.

음과 같이 좀더 좁게 설정한다.

(8) 합성적 의미: 합성을 통해 생성된 의미
- 의미 구성의 공시적 분석이 가능한 의미
- 구성 성분의 의미와, 어기로부터 도출된 추가 의미의 결합으로 구성된 의미

이 논의에서는 합성어의 합성적 의미를 구성하는 제3의 의미 α를 '조어 의미'로 명명하였다. 위 정의에서 '어기로부터 도출된 추가 의미'가 조어 의미에 해당된다. 분석(또는 결합)의 공시성 판단에 의미론적 기준을 사용하고, 어기 의미와의 관련성을 합성적 의미의 판별 기준으로 포함한 것이다.[113)]

김숙정(2017)의 방식을 적용하면 (7)에 제시된 것 중 의미 선택 α는 조어 의미에서 제외된다. 정한데로(2014)에서는 '떨다'가 다의어이며, '떨이'를 형성하는 과정에서 선택된 의미 〈팔다가 조금 남은 것을 싸게 팔다〉가 α라고 본다. 그러나 어떤 단어가 가진 다의 중 하나가 선택되어 합성어의 의미를 이루는 경우를 α로 보기는 어렵다. α는 합성의 과정에서 생성된 추가 의미를 말하므로, 해당 의미는 합성어를 이루지 않을 때에는 실현되지 않아야 한다. 즉 독립적인 용법이 확인되지 않아야 한다는 것이다. 하지만 이 의미는 다음과 같이 합성어를 구성하지 않을 때에도 실현될 수 있다.

113) 이 논문에서는 정한데로(2014)에 제시된 의미 외에, 구성 성분이 맺고 있는 문법적 관계도 조어 의미로 보았다. 예를 들어 '논밭'의 의미 기술에서 접속조사 '과'로 표상되는, '논'과 '밭'의 대등 관계를 문법적 조어 의미로 보는 식이다.

(9) 조금 남은 물건을 싸게 떨고 가려고 해요.

의미 추가 α와 의미 비유 α의 일부는 조어 의미에 해당되나, 김숙정(2017)의 논의를 따르자면 의미 추가 α의 예는 다른 것으로 교체될 필요가 있다. '구두닦이'의 〈직업적으로〉는 '구두'와 '닦-', '-이' 어디에도 귀속되지 않으며, 또한 구성 성분의 의미로부터 도출할 수 있는 의미도 아니다. '구두, 닦-, -이'가 합성을 통해 얻을 수 있는 의미는 〈구두를 닦는 일〉 정도이다. 〈직업적으로〉는 '구두닦이'로 표현될 수 있는 의미 영역을 사람, 그중에서도 직업인(전문가)으로 좁게 제한한다. 이는 해당 단어가 실제 언어 세계에서 한정된 대상을 지칭하는 용어로 사용되는 과정에서 추가된 의미, 즉 의미 영역이 특정 맥락으로 제약되는 과정을 반영한 의미이다. 이 과정에 구성 성분의 의미는 아무런 영향을 미치지 않는다. 즉 구성 성분의 의미와 실현 맥락 제약 사이에 연관성을 찾을 수 없으며, 합성적 의미의 구성 요소로도 볼 수 없다.[114] 이 의미는 합성이 완료된 뒤 부여된 의미, 즉 비합성적 의미에 해당된다.

의미 추가 α에 해당되는 보다 적합한 예로는 '촌사람, 촌티, 촌스럽다' 등에서 '촌'에 의해 실현되는 의미를 들 수 있다. 사람들은 특정 어휘를 사용할 때 표현 대상에 대한 가치나 평가를 함께 전달한다. 예를 들어 크기가 작은 동물을 뜻하는 단어는 〈귀여움〉이라는 긍정적

114) 김숙정(2017: 53-54)에서 〈직업적으로〉를 합성적 의미로 보지 않는 것은 그것이 맥락 제약이어서가 아니라 구성 성분의 의미에 귀속되거나 각각의 구성 성분으로부터 추론될 수 있는 의미가 아니기 때문이다. 이 연구에서는 합성적 의미로 볼 수 있는 맥락 제약이 존재한다고 설명한다.

가치를 동반하는 경우가 많다. 그런데 〈귀여움〉과 같은 의미는 어휘가 가지고 있는 개념적 의미에서 추론되는 것이 아니다. Leech(1981: 9-23)에서는 이와 같은 의미를 내포적 의미라 하여 개념적 의미와 구분하였다.[115]

어휘의 의미를 기술할 때에는 일반적으로 개념적 의미만을 대상으로 한다. 해당 단어의 독립적 용법을 기준으로 의미를 다룰 때 내포적 의미는 기술의 대상에 포함되지 않는 편이다. 단의 간의 차이를 부각하는 중심 요소가 아니기 때문이다. 하지만 조어의 과정에서는 내포적 의미가 단어에 대한 가치나 태도에 머무르지 않고 복합어의 어휘 의미로 수렴되는 예가 있다.

(10) 가. 이런 촌사람을 봤나! 아니 문서 작업을 직접 손으로 한단 말야?
나. 엄마, 이렇게 촌티 나는 옷을 누가 입어요.
다. 나 어제 머리했는데, 너무 촌스럽지?

(10가)의 '촌사람'은 〈세련되지 못하고 어수룩한 사람〉이라는 의미로 사용된 단어이다. (10나)의 '촌티' 역시 유사한 의미를 가지는데, 〈세련되지 못하고 어수룩한 모습이나 태도〉로 기술할 수 있다. '사람'과 '티'의 의미를 제외하면 〈세련되지 못하고 어수룩한〉의 의미가 남

115) Leech(1981)에서는 의미의 유형을 개념적 의미(Conceptual meaning), 연상적 의미(Associative meaning), 주제적 의미(Thematic meaning)로 크게 분류한 뒤, 이 중 연상적 의미를 다시 내포적(Connotative) 의미, 사회적(Social) 의미, 감정적(Affective) 의미, 반사적(Reflected) 의미, 배열적(Collocative) 의미로 나누었다.

게 된다. 이는 '촌'의 부정적 가치를 구체화하여 기술한 내포적 의미이다. 이 의미는 '촌'이 독립적으로 사용될 때에는 어휘 의미로 사용되지 않지만 '촌사람, 촌티'와 같은 단어들에서는 어휘 의미의 한 부분을 구성한다. 해당 의미는 (10다)의 '촌스럽다'와 같은 파생어의 의미를 구성하는 데에도 참여한다.[116] 반복된 조어 과정을 통해 의미 단위로서의 독립성은 확인되나, 해당 단어의 독립적 용법에서는 확인되지 않고 조어 상황에서만 실현되는 특이한 의미 단위인 것이다.

이제 의미 비유 α를 살펴보자. 의미 비유 α의 예로는 '총알택시'의 〈과속으로 달리는〉이 제시되었다. '총알택시'에서 '총알'의 의미는 〈총알〉이 아니라 〈일정한 기준보다 훨씬 빠른(=과속으로 달리는)〉이다. 총알이 총구에서 빠르게 발사되는 모습이 총알의 속성으로 포착되어 생성된 비유 의미인 것이다. 앞서 '떨이'에서 선택된 '떨-'의 의미와, '촌사람'에서 개념적 의미가 된 '촌'의 내포적 의미에 대해 전자는 어기의 의미로, 후자는 조어 의미로 다르게 분석하였다. 두 의미는 독립적 용법의 확인 여부로 구분되었는데, 이 기준에 따르면 '총알'의 비유 의미는 조어 의미로 분석된다.

(11) 철수는 총알(처럼/같이) 달려갔다.

---

116) 내포적 의미, 즉 어휘와 어휘에 의해 표현되는 대상에 대해 가지는 가치는 화자에 따라 또는 상황에 따라 달라질 수 있다. 예를 들어 '촌'은 〈세련되지 못하고 어수룩한〉과 상반되는 〈순수하고 건강한〉이라는 내포적 의미도 가진다. 이 의미는 '촌두부'나 '촌국수'와 같은 합성어에서 확인된다. 그러나 〈순수하고 건강한〉은 '촌두부'의 개념적 의미를 구성하는 필수적인 정보가 아니므로 조어 의미로는 볼 수 없다.

(11)은 철수의 빠른 움직임을 '총알'에 비유한 문장이다. '총알'의 비유 의미는 근원 영역인 '철수', 철수와 총알의 공통 특성인 〈빠름〉이 문장을 단위로 확인될 때 해석된다. '총알'의 독립적 용법이 아닌 것이다. 위 주장이 더욱 설득력을 얻기 위해서는 의미 선택 α와 의미 비유 α의 경계 문제를 살펴야 한다. 비유가 다의화의 중요한 기제 중 하나라는 점이 이 문제를 더욱 복잡하게 만든다. 사전에 제시된 〈~을 비유적으로 이르는 말〉과 같은 상위 정보가 붙은 뜻풀이가 바로 이 상황에 정확히 부합하는 예이다. 사전에 등재되어 있다는 점만 고려하면 의미 선택 α와 구분이 되지 않는다.

하지만 사전의 등재 여부는 비유적 용법의 단의로서의 지위를 보장하지 않는다. 사전에는 단어의 의미뿐만 아니라, 언중이 해당 단어를 사용하는 방식, 즉 단어의 용법까지 수합한 결과가 담긴다. 문맥이나 화맥으로부터 분리해 낼 수 없는 의미가 기술되어 있는 것이다. 실제 독립적 용법으로도 실현될 수 있는 비유 의미는 흔치 않으며, 우리는 그와 같은 비유 의미를 상징으로 변별하여 부르기도 한다.[117]

이선영(2017)에서는 지금까지 살핀 예들을 '접사화'로 설명하였다. 접사화의 판단 기준으로 '비자립성'과 '의미의 변화'를 제시하였는데, 이때 비자립성이란 변화된 의미로서의 비자립성을 의미한다. 〈임금〉

---

117) 조어 의미로 분류된 의미 추가 α와 의미 비유 α 사이의 경계는 명확하지 않다. 단어에 부여되는 내포적 가치와 단어의 비유적 용법의 경계가 모호하기 때문이다. (10)의 '촌'과 (11)의 '총알'은 그나마 원형적인 예에 속한다. 하지만 '물수능'의 '물'에 의해 실현되는 〈쉬움〉이나 '칼퇴근'의 '칼'로 실현되는 〈정확함〉과 같은 의미는 쉽게 구분되지 않는다. 비유를 매개하는 공통 속성으로는 근원 영역의 본래적 속성뿐만 아니라, 그로부터 파생되거나 심지어 부여된 속성까지도 선택될 수 있다. 이처럼 본래적이지 않은 속성이 비유 성립의 매개 특성이 될 경우 해당 의미가 비유 의미인지, 내포적 의미인지 구분하기가 쉽지 않다.

을 뜻하는 '왕'은 단어이지만, 〈매우 큰〉의 의미를 뜻하는 '왕소금'의 '왕'은 '*그 소금은 왕이다'와 같이 쓰일 수 없으므로 접사로 구분하는 식이다. 이 분석을 적용하면 '촌사람, 촌티'는 합성어가 아니라 접두사 '촌-'이 결합된 파생어로 분석될 가능성이 열린다.

이선영(2017)의 논의에는 매우 흥미로운 지점이 있다. 접사화가 자립 형태가 조어의 과정에서만 확인되는 비자립적인 변화 의미를 가지는 것이라는 설명을 통해 '접사의 의미는 조어의 과정에서만 확인되는 비자립적인 의미'라는 전제를 확인할 수 있는 부분이다. 파생어의 의미 중 자립성이 확인되는 의미를 제외한, 즉 어기의 의미를 제외한 것이 접사의 의미라는 조일규(1994)의 설명으로 다시 돌아가게 되는 것처럼 보일 수 있다. 하지만 우리는 지금까지의 논의를 통해 파생어의 의미에서 어기의 의미를 제외한 모든 의미를 접사의 의미로 귀속시킬 수 없다는 점을 확인하였다. 파생어의 의미 중 파생 과정에서 형성된 의미와 파생이 완료된 뒤 형성된 의미를 구분하여야 하며, 후자를 접사의 의미로 귀속해서는 안 된다는 것이다.

6.2.2. 접사의 의미와 비합성적 의미의 구분

지금까지의 설명을 이용하여, '봄맞이'와 '옷걸이'의 의미를 다시 살펴보자.

(12) -이

① '(…하는) 행위 또는 사건'

② '(…하는) 데에 사용하는 물건이나 도구'

③ '(…하는) 사람이나 사물'

(13) 가. 봄맞이1: 〈봄을 맞이하는 일〉
나. 봄맞이2: 〈앵초과의 한해살이풀 또는 두해살이풀〉
다. 옷걸이1: 〈옷을 걸도록 만든 물건〉
라. 옷걸이2: 〈옷을 입은 모양새〉

(14) 가. 봄맞이1: 〈(…하는) 행위 또는 사건〉
나. 봄맞이2: 〈〈(…하는) 사물〉 ⇒ 식물 ⇒ 앵초〉〉
다. 옷걸이1: 〈(…하는) 데에 사용하는 물건이나 도구〉
라. 옷걸이2:
① 〈'(…하는) 행위 또는 사건'의 모양새〉
② 〈'(…하는) 행위 또는 사건'의 모양새〉를 '옷걸이1'에 옷이 걸린 모습에 비유

(12)와 (13)은 앞의 (5)와 (6)의 예 중 일부를 옮긴 뒤, 수정한 것이고 (14)는 파생어의 의미 중 어기의 의미를 제외하고 남은 의미를 (12)를 이용하여 정리한 것이다. 정리된 내용에 따르면 (14가)와 (14다)는 어기의 의미와 (12)에 제시된 접사 '-이'의 의미로 구성된 합성적 의미이다. 이와 달리 (14나)에는 합성적 의미가 다시 〈식물〉, 그중에서도 〈앵초〉로 제한되는 구체화 과정을 겪어 형성된 비합성적 의미가 포함되어 있다. (14라)는 좀더 복잡한데, (14나)처럼 〈옷을 거는 행위나 사건〉 중 일부인 〈모양새〉로 의미의 초점을 한정한 것이라 볼 수도 있고, 옷을 입은 사람의 모습을 〈옷을 걸도록 만든 도구〉에 옷이 걸린 모습으로 대응한 것이라 볼 수도 있다. 어떠한 경우이든 (14나)와 마찬가지

로 비합성적 의미에 해당된다. 이에 따르면 구본관(2002)에서 α와 β로 구분되었던 예가 모두 β로 처리된다.

그렇다면 파생어에는 α, 즉 조어 의미는 포함되지 않는 것일까? 이에 대한 답을 찾기 위해서는 파생어의 의미에서 접사의 의미로 귀속되는 범주에 대해 논의해야 한다. 이 문제는 '(14)에 기술된 의미 중 (14나)와 (14라)만 비합성적 의미에 포함되는가'라는 질문과 연결된다. 사건의 일부인 〈모양새〉를 비합성적인 의미로 구분한다면 (14다)의 〈물건이나 도구〉 역시 비합성적인 의미로 구분하지 못할 이유가 없기 때문이다. 이에 본고에서는 접사의 의미를 파생어의 의미에서 어기의 의미를 제외한 의미들이 공유하고 있는 의미 또는 다른 의미로의 확장을 설명하기에 용이한 것으로 한정하고, 공유되지 않는 의미 전부를 비합성적 의미로 처리하는 방식을 제안하고자 한다. 조일규(1994)에서 기본 뜻바탕이라 불리는 것만을 접사의 의미로 보고, 특이 뜻바탕은 파생어의 비합성적 의미로 보는 것이다.

〈행위나 사건〉의 의미로부터 〈사람〉, 〈도구〉, 〈시간〉 등의 의미로의 구체화 과정은 환유에 해당된다. Apresjan(1974: 16)에서는 다의 관계를 ai와 aj의 관계가 ai와 bi와 aj와 bj에 형성되는 규칙적 다의 관계(regular polysemy)와 ai와 aj 간에 의미적 구별이 다른 단어로 나타나지 않는 불규칙적 다의 관계(irregular polysemy)로 나누고, 이때 규칙적 다의 관계는 환유적 전이에서, 불규칙적 다의 관계는 은유적 전이에서 더 전형적이라고 설명하였다. 환유를 통해 생성된 다의 의미의 체계성은 Pustejovsky(1995:31-33)에서는 '논리적 다의 관계(logical polysemy)', Cruse(2000: 113-114)에서는 '체계적 다의 관계(systematic polysemy)'로 꾸준히 논의되었다.[118]

(15) 가. 면도 자국 / 면도를 하다

나. 이발사는 머리를 가지런히 쳐 놓고 면도와 비눗물을 가지고 나의 옆으로 왔다.

차준경(2011)에서는 (15)와 같은 단어의 예를 이용하여 '-이' 파생 명사에서 드러나는 다의성이 접사의 의미에 의한 것이 아니라는 점을 지적하였다. 차준경(2011: 441)에서는 이와 같은 의미가 '사건 구조의 참여자들이 서로 환유적으로 밀접히 연관되어서 사건 명사의 구체 의미로 실현되는 것'이라고 설명하였다. 이 설명은 이와 같은 의미 확장이 파생의 과정에서 이루어지는 것이 아니라, 파생이 완료된 뒤 이루어지는 것이라는 본고의 관점을 뒷받침해 준다. 즉 환유적이고 체계적인 다의 확장으로 설명할 수 있는 의미는 비합성적 의미로 구분해 주어야 한다는 것이다.

이제 앞의 질문 '파생어에는 조어 의미가 포함되지 않는가'에 답을 해야 할 차례이다. 이선영(2017)의 접사화에 대한 정의로부터 추론된 접사의 의미에 대한 규정 '조어의 과정에서 확인되는 비자립적 의미'가 답이 될 수 있다. 이를 김숙정(2017)의 용어로 치환하면 조어 의미가 된다. 파생어의 합성적 의미를 구성하는 요소는 어기의 의미와 접사의 의미로 나눌 수 있는데, 이때 접사의 의미가 바로 조어 의미에 해당된다.

그간 접사는 필요 이상의 부담을 지고 있었다. 형태 중심의 의미 분석 방법에서는 접사가 독립적인 의미를 확인할 수 없는 단위라는

---

118) 이민우·김진해(2015: 292)에서는 '정성을 담다, 마음을 주다'에 나타난 [추상적인 개념은 물이다]와 같은 존재론적 은유도 체계적 다의 관계의 예로 볼 수 있다는 점을 지적하였다. 하지만 이는 최상위의 존재론적 은유에 한정된 특성이라고 할 수 있다.

점을 접사의 의미를 무한히 확장하는 방식으로 활용하였다. 하지만 접사는 파생의 과정에서 형성되는 의미, 즉 파생어의 합성적 의미 중 어기의 의미를 제외한 부분의 의미만을 담당하면 된다. 접사 '-이'에 귀속되는 의미는 《(~하는) 일》까지이다. '-이' 결합 파생어들에 나타나는 그 외 다양한 의미는, 즉 파생이 완료된 이후 형성되는 비합성적 의미는 접사의 몫으로 기술되지 않아야 한다.

접사의 의미를 다룬 상당수의 연구는 사전의 뜻풀이를 논의의 출발점으로 삼고 있는 경우가 많다. 사전은 사전 이용자가 해당 표제어의 실제적 용법을 파악할 수 있는 정보를 종합적으로 제시한다. 사전에서 접사의 뜻풀이에 파생어에서 어기의 의미를 배제한 모든 의미를 망라하여 제시하는 이유가 여기에 있다. 또한, 용법을 나열하는 방식은 동일한 접사가 결합된 파생어들 사이의 의미적 연관성을 쉽게 드러낼 수 있다는 장점도 가지고 있다. 여기서 말하고자 하는 것은 사전에 제시된 접사의 뜻풀이가 잘못되었으므로 바로잡아야 한다는 것이 아니라, 사전에 기술된 뜻풀이 모두를 접사 자체의 의미로 그대로 이해해서는 안 된다는 것이다.

6.3. 소결론

6장의 목적은 파생어의 의미 구조를 고려하여 접사의 의미를 고찰하는 데 있다. 이를 위해 파생어의 의미를 분석하는 관점을 형태 중심의 분석 방법과 의미 중심의 분석 방법으로 나누었다. 형태 중심의 분석 방법은 파생어의 의미 구성단위가 형태의 구성단위와 일치한다는 가정 위에, 파생어의 의미를 어기의 의미와 파생 접사의 의미로 나누어 분석하는 방식을 말한다. 대부분의 사전이 형태 중심의 분석 방법을 통해 접사의 의미를 제시하고 있다.

형태 중심의 분석 방법은 단절적 분석 방법과 연계적 분석 방법으로 더 나눌 수 있다. 단절적 분석 방법과 연계적 분석 방법 모두 접사의 몫으로 남겨진 다양한 의미를 유형화하기 위해 고안된 수단이다. 단절적 분석 방법은 파생어의 의미에서 어기의 의미를 배제한 뒤 남은 의미를 모아 접사의 의미로 정리하는 방식이다. 접사의 의미를 기술할 때 어기에 관한 정보는 함께 제시되지 않는다. 이와 달리 연계적 분석 방법은 어기의 특성을 적극적으로 활용하여 접사의 의미를 기술하는 방식이다. 연계적 분석 방법은 주로 접사의 다의를 변별적으로 기술하기 위한 목적으로 사용된다. 형태 중심의 분석 방법은 파생어의 의미에서 접사가 차지하는 비중을 지나치게 확대하는 문제를 가진다.

의미 중심의 분석 방법을 이용하면, 접사의 의미로 다루어진 의미 중 상당 부분이 접사의 의미가 아니라 별도의 의미 구성단위로 분리되어야 한다는 것을 파악할 수 있다. 이를 위해 두 가지 개념을 확인하였다. 첫째는 파생어의 의미를 파생을 통해 형성되는 합성적 의미와 파생이 완료된 뒤 형성되는 비합성적 의미로 나누어야 한다는 것이고, 둘째는 파생어가 다의의 확장을 통해 얻을 수 있는 의미를 합성적 의미로 분석해서는 안 된다는 것이었다. 이를 통해 파생어의 의미에서 접사의 의미로 귀속되는 의미를 동일 접사가 결합된 파생어에서 공통적으로 확인되는 의미로 제한하였다.

앞으로 더 많은 예의 파생어를 확인하는 작업이 계속되어야 할 것이다.[119] 다만 본 연구가 형태론적 관점에서 다루어져 왔던 파생어와 합성어의 구분, 접사의 어휘화 및 어휘의 접사화를 포함한 접사의 범주 설정의 문제 등을 새로운 시각에서 바라볼 수 있는 시작점이 되길 바란다.

119) 익명의 심사자로부터, 한자 접두사 '假-'와 같이 그 의미가 비교적 분명한 파생 접사까지 의미 중심의 분석 방법을 적용해야 할 필요가 있는가 하는 유의미한 질문을 받았다. 접사의 의미 특성에 따라 서로 다른 의미 분석을 적용할 가능성을 제기한 것이다. 전체에 적용할 수 있는 방법이 있음에도 이를 분리하여 서로 다른 분석 방법을 적용하는 과정이 필요한가 하는 점에 의문이 있으나, 더 많은 예를 검토할 필요가 있음은 분명하다.

7장
결 론

본 연구의 목적은 합성어의 의미 구조 분석을 위한 의미 구성단위를 살피고 각 범주와 유형을 고찰하는 것이다. 합성어는 어기의 의미 그 이상의 의미를 가진다. 형태 구성과 의미 구성이 일치하지 않는 것이다. 어기의 의미 그 이상의 의미가 존재한다는 사실은 기존의 논의들에서 꾸준히 지적되어 왔으나, 이를 단위화하여 체계적으로 살핀 논의는 찾아보기 어렵다.

2장에서는 명사 구성 합성어의 의미 분석을 위한 기본적인 전제들을 확인하였다. 본고에서는 둘 이상의 어기로 구성된 단어로 합성어를 정의하였는데 이를 위해 우선 어기의 개념을 정리하였다. 어기는 단어의 계층적 구조를 고려하여 설정된 단위로, 형태론 층위에서 단어의 의미적 중심으로 정의된다.

다음으로 합성어의 의미를 합성을 통해 생성된 합성적 의미와 합성이 완료된 뒤 의미 파생을 통해 생성된 비합성적 의미로 구분하고, 이 중 전자로 의미 분석의 대상이 한정된다는 점을 지적하였다. 합성적 의미와 비합성적 의미는 기존의 논의들에서 매우 익숙하게 사용해온 용어임에도 불구하고, 학술적인 정의가 제시된 바가 없었다. 이에 본고에서는 합성적 의미의 성립 조건을 다음과 같이 제시하였다.

(1) 합성적 의미: 합성을 통해 생성된 의미
- 의미 구성의 분석이 가능한 의미
- 구성 성분의 의미와, 어기로부터 도출된 추가 의미의 결합으로만 구성된 의미.

합성적 의미는 어기의 의미와 어기 이상의 추가적 의미로의 분석이 가능한 의미를 말하며, 이때 추가 의미는 어기로부터 도출된 의미로 한정되어야 한다. 비합성적 의미는 합성적 의미의 상보적 개념으로 정의된다. 어기 의미의 분석이 불가능한 의미나, 합성어의 층위에서 얻은 추가 의미가 포함된 의미가 비합성적 의미에 속한다.

합성어의 합성적 의미를 어기의 의미와 조어 의미로 구분하기 위해서 두 의미 구성단위 간의 경계 문제를 살펴야 했다. 먼저 단어의 의미 구조에 대한 기존의 논의들을 토대로 단어의 의미 구조를 속성 정보와 부류 정보로 구성된 의미부와 각 의미의 맥락 실현 조건으로 구분하고, 의미부를 구성하는 속성 정보를 본질적 속성으로 제한하였다. 비본질적 속성 정보는 조어 의미로 보았다.

마지막으로 조어 의미의 포함 여부를 기준으로 합성적 의미를 조어 의미 개재형과 조어 의미 부재형으로 나누었다. 조어 의미 개재형은 문법적 조어 의미가 개재된 것과 어휘적 조어 의미가 개재된 것으로 더 나눌 수 있다. 조어 의미 부재형에는 공통 의미를 가진 어기들로 결합된 합성어가 포함된다. 어기가 가진 공통 의미가 중복적으로 실현되지 않고 하나로 통합될 경우 두 어기의 의미 사이에 대등이나 종속과 같은 문법적 관계가 개재할 수 없다는 점을 확인하여 이를 유형화한 것이다.

4장에서는 문법적 조어 의미를 다루었다. 문법적 조어 의미는 대등 관계의 문법적 조어 의미와 종속 관계의 조어 의미로 구분된다. 대등 관계의 문법적 조어 의미는 어기가 반의 관계로 결합된 합성어와, 비양립 관계로 결합된 합성어, 그리고 일부 중첩어에서 발견된다. 반의 관계와 비양립 관계로 결합된 합성어가 일반적으로 비합성적 의미를 가진다고 보는 견해들이 있으나 이것이 단어 개별적인 특성을 넘어 일반화된 원리가 될 수 없다는 사실을 지적하였다.

종속 관계의 조어 의미는 통솔 관계의 조어 의미와 승접 관계의 조어 의미로 구분된다. 통솔 관계는 선후행 성분의 결합에 사건성이 직접적으로 개입하는 관계를 말한다. 선행 명사는 개입된 사건 구조로부터 일정한 역할을 부여받는데 이 역할이 통솔 관계의 조어 의미에 해당된다. 승접 관계는 사건성이 직접적으로 개입하지 않는 관계를 말한다. 사건성의 개입 없이 두 어기가 맺게 되는 종속적 관계가 승접 관계의 조어 의미에 해당된다.

5장에서는 어휘적 조어 의미를 다루었다. 합성적 의미에 개재되는 어휘적 조어 의미에는 사건 구조와 비유 의미가 속한다. 합성어의 의미에서 발견되는 사건 구조는 어기의 본질적 의미 속성과 관련된 사건 구조와 맥락으로부터 추론되는 사건 구조로 구분할 수 있는데, 이 중 후자가 어휘적 조어 의미에 해당된다. 어휘적 조어 의미로서의 사건 구조로는 구성 관련 사건, 기능 관련 사건, 작인 관련 사건이 확인된다.

합성어에 포함된 비유 의미는 생성 층위에 따라 합성의 과정에서 생성된 비유 의미와 합성이 완료된 뒤 생성된 비유 의미로 나눌 수 있다. 이 중 전자가 어휘적 조어 의미에 해당된다. 비유는 선행 어기에 일어날 수도, 후행 어기에 일어날 수도 있으며 선후행 어기에 모두 일어날 수도 있다.

6장에서는 의미 중심의 분석 방법을 이용하여 접사의 의미로 다루어진 의미 중 상당 부분이 접사의 의미가 아니라 별도의 의미 단위로 분리되어야 한다는 것을 설명하였다. 이를 위해 두 가지 개념을 확인하였다. 첫째는 파생어의 의미를 파생을 통해 형성되는 합성적 의미와 파생이 완료된 뒤 형성되는 비합성적 의미로 나누어야 한다는 것이고, 둘째는 파생어가 다의의 확장을 통해 얻을 수 있는 의미를 합성적 의미로 분석해서는 안 된다는 것이었다. 이를 통해 파생어의 의미에서 접사의 의미로 귀속되는 의미를 동일 접사가 결합된 파생어에서 공통적으로 확인되는 의미로 제한하였다.

본 연구는 하나의 합성어가 주어졌을 때, 해당 합성어가 가진 의미를 분석할 수 있는 기준을 마련하는 것을 목표로 진행되었다. 이를 위해 합성어의 의미를 분석이 가능한 것과 그렇지 않은 것으로 구분하고, 분석 가능한 의미의 구성단위를 설정하는 데 주목하였다. 합성어의 의미 구조를 어떻게 분석할 것인가 하는 문제는 합성어의 정의부터 유형 분류에 관한 논의까지 영향을 미치지 않는 곳이 없다. 하지만 합성어의 형태에 대한 분석적 연구에 비해, 의미에 대한 분석적 연구는 체계적으로 진행되지 못하였다.

이 책은 의미 구성단위의 경계 설정 문제를 주로 다루고 있다. 합성적 의미와 비합성적 의미의 구분 문제, 어기의 의미와 조어 의미의 경계 설정, 조어 의미의 유형화 문제 등을 다루면서 합성어의 의미를 정의하고 유형화할 수 있는 기준선들을 망라하였다. 본고의 방식과 다르게 합성어를 정의하고 유형화한다고 하더라고, 본고에서 다룬 것들을 벗어난 새로운 기준선을 제시하기는 어려울 것이라 판단된다.

다만, 연구 대상이 명사 구성 합성어로 한정되어 있기 때문에, 연구 결과들이 합성어 전반에 적용될 수 있을지 추가적인 검증 과정이 뒷받침되어야 할 것이다. 또한 파생어뿐만 아니라 합성어와 경계를 맞대고 있는 더 큰 결합 단위들로 연구 범위를 더욱 확장해야 할 것이다. 이를 통해 의미 결합체로서 합성어가 가지는 특수성을 확인하는 연구 역시 보충되어야 할 것이다.

참고문헌

강범모(1999), 「어휘 의미 정보의 구조와 표상」, 『한국어 의미학』 5, 한국어 의미학회, 83-118면.

______(2000), 「서술 명사의 기준과 의미 구조」, 『언어와 정보』 4(1), 한국언어정보학회, 71-83면.

강병창(2013), 「은유적 합성 명사의 의미 구성 유형에 대한 인지의미론적 고찰」, 『인문연구』 68, 영남대학교 인문과학연구소, 125-152면.

강신재·박정혜(2003), 「대규모 말뭉치와 전산 언어 사전을 이용한 의미역 결정 규칙의 구축」, 『정보처리학회논문집』 10B(2), 한국정보과학회, 219-228면.

강진식(1997), 「국어의 합성 명사 구조와 의미 연구」, 『한국언어문학』 39, 한국언어문학회, 23-41면.

고영근·구본관(2008), 『우리말 문법론』, 집문당.

구본관(1992), 「생성문법과 국어 조어법 연구 방법론」, 『주시경학보』 9, 탑출판사, 50-77면.

구본관(1998), 『15세기 국어 파생법에 대한 연구』, 태학사.

______(2002), 「파생어 형성과 의미」, 『국어학』 39, 국어학회, 105-135면.

______(2009), 「복합 색채어의 의미: 사전의 뜻풀이를 중심으로」, 『국어학』, 55, 국어학회, 173-211면.

김계곤(1971), 「"사이시옷"으로 표기된 합성임자씨」, 『한글학회 50돌 기념 논문집』, 한글학회. 김계곤(1996) 재록, 585-601면.

______(1972), 「임자씨의 비통어적 합성법」, 『국어국문학: 노강 박노춘 선생 화갑 기념 논총』 55-57 합병호. 김계곤(1996) 재록, 441-456면.

______(1973), 「임자씨의 통어적 합성법」, 『인천 교대 논문집』 7(1), 인천교육대학. 김계곤(1996) 재록, 301-357면

김계곤(1974가), 「옹근이름씨 끼리의 종속적 합성법」, 『국어국문학』 11, 부산대학교 문리과 대학. 김계곤(1996) 재록, 358-379면.

_____(1974나), 「합성이름씨의 "뎟난 뜻"에 따른 유형별 분류」, 『인천 교대 논문집』 8, 인천교육대학. 김계곤(1996) 재록, 380-440면.

_____(1990), 「조어법 연구에서의 "같은 유형의 낱말"에 대한 처리 방법」, 『국어국문학 논총: 벽사 이우성 선생 정년 퇴직 기념』, 여강출판사. 김계곤(1996) 재록, 3-14면.

_____(1996), 『현대 국어의 조어법 연구』, 박이정.

김규선(1970), 「국어의 복합어에 대한 연구: 구와 복합어 구분의 기준 설정을 위한」, 『어문학』 23, 한국어문학회, 93-123면.

김기혁(1981), 『국어 합성 동사의 생성적 연구』, 연세대학교 석사학위논문.

김동환(2013), 「개념적 혼성에 입각한 은유적 합성어의 의미 구성 탐구」, 『언어과학연구』 64, 언어과학회, 1-24면.

김민수(1960), 『국어문법론 연구』, 통문관. 김민수 외 2인 공편(1985), [1]98 재록.

_____(1971), 『국어문법론: 변형생성적 구문론 연구』, 일조각.

_____(1981), 『국어의미론』, 일조각.

_____(1983), 『신국어학(전정판)』, 일조각.

김민수·고영근·하동호(1977/1985), 『역대한국문법대계』, 탑출판사.

김병규(2004), 『국어 합성 명사의 의미 형성 기제에 관한 연구』, 경북대학교 석사학위논문.

김성환(2004), 「'N+N'형 합성명사의 형성과 구조」, 『형태론』 6(1), 형태론, 67-88면.

김숙정(2004), 『현대국어 능동사와 피동사의 의미 대응 연구』, 고려대학교 석사학위논문.

_____2017), 『명사 구성 합성어의 조어적 의미 연구』, 고려대학교 박사학위논문.

_____(2020), 「파생어의 의미 구조와 접사의 의미」, 『JKC』 50, 한국어문학국제학술포럼, 87-115면.

김양진·정연주(2010), 「한국어 중첩의 접사성과 의미」, 『한국언어문학』 75, 한국언어문학회, 53-83면.

김억조(2020), 「인지언어학에 기초한 2017년 신어의 의미 구성 연구」, 『문화와 융합』, 42(4)(통권 68), 한국문화융합학회, 615-637면.

김영욱(1990), 「중세 국어 원칙법 '-니-'와 둘째 설명법 어미 '-니라'의 설정에 따른 문제점 해결을 위하여: 공형태 설정과 비문법화」, 『관악어문연구』 14, 서울대 국어국문학과, 12-23면.
김영욱(1997), 「공형태소에 대하여」, 『전농어문연구』 9, 서울시립대 국어국문학과, 23-36면.
김윤신(2013), 「생성 어휘부 이론과 합성성의 기제」, 『한국어 의미학』 41, 한국어 의미학회, 1 26면.
김윤정·김완수·옥철영(2014), 「전산언어학에서의 한국어 필수 논항의 의미역 상정과 재고」, 『언어와 정보』 18(1), 한국언어정보학회, 169-199면.
김은영(1998), 「국어 어휘의 부분-전체 관계에 대한 고찰」, 『한국어 의미학』 2, 한국어 의미학회, 155-174면.
김은혜(2001), 『현대 국어 합성 명사류의 의미 연구: 은유 표현을 중심으로』, 서울대학교 석사학위논문.
김의수(2004), 『한국어의 격과 의미역: 명사구의 문법 기능 획득론』, 태학사.
김인균(2003), 『국어의 명사 연결 구성 연구』, 서강대학교 박사학위논문.
김일병(2000), 『국어 합성어 연구』, 도서출판 역락.
김일환(2014), 「신어의 생성과 정착: 신문의 신어 명사를 중심으로」, 『한국사전학』, 24, 한국사전학회, 98-125면.
김정남(2007), 「의미 투명성과 관련한 국어의 제 현상에 대하여」, 『한국어 의미학』 22, 한국어 의미학회, 1-23면.
김정숙(2005), 『외국인을 위한 한국어 문법 1, 2(공저)』, 커뮤니케이션북스.
김정은(1995), 『국어 단어 형성법 연구』, 박이정.
김지형(2002), 「어휘의 화석화와 어원 연구」, 『한국어 의미학』 11, 한국어 의미학회, 93-117면.
김진수(2017), 「인지이론으로 본 방향대립어의 대립성 약화·중화 현상 연구」, 『국제어문』 73, 국제어문학회, 33-60면.
김진해(2014), 「은유적 합성 명사의 결합 관계와 인지언어학적 해석」, 『국어학』 70, 국어학회, 29-57면.
김창섭(1990), 「영파생과 의미 전이」, 『주시경학보』 5, 탑출판사, 94-110면.
______(1996), 『국어의 단어 형성과 단어 구조 연구』, 태학사.
김혜령(2007), 『현대 국어 고유어 접사의 의미 연구』, 고려대학교 석사학위논문.
______(2015), 『국어 어휘 의미의 실현 조건』, 고려대학교 박사학위논문.

나은미(2007), 「이석주 교수 정년 기념 특집: 국어학; 합성어 구성 성분의 의미 결합 양상: 합성명사를 중심으로」, 『한성어문학』 26, 한성어문학회, 19-43면.

______(2009), 『(연결주의 관점에서 본) 어휘부와 단어 형성』, 박이정.

남경완(2005), 「의미 관계로서의 다의 파생 관계에 대한 고찰」, 『한국어 의미학』 17, 한국어 의미학회, 151-175면.

______(2008), 『국어 용언의 의미 분석』, 태학사.

남기심(1993), 『국어 조사의 용법: '-에'와 '-로'를 중심으로』, 박이정.

남기심·고영근(1985/1993), 『표준국어문법론』, 탑출판사.

남승호(2008), 『한국어 술어의 사건 구조와 논항 구조』, 서울대학교출판부.

노대규(1981), 「국어 접미사 '답'의 의미 연구」, 『한글』 172, 한글학회, 57-104면.

노명희(2006), 「국어 한자어와 고유어의 동의 중복 현상」, 『국어학』 48, 국어학회, 259-288면.

도원영(2002), 『국어 형용성 동사 연구』, 고려대학교 박사학위논문.

______(2010), 「〈고려대 한국어대사전〉의 품사 정보와 다품사어 처리에 관하여」, 『한국어학』 47, 한국어학회, 1-32면.

도재학(2011), 『현대 국어 다의어의 대립적 의미 관계 연구』, 고려대학교 석사학위논문.

______(2013), 「양립불가능 관계와 어휘 관계의 상관성에 대한 일고찰」, 『한국어 의미학』 42, 한국어 의미학회, 1-26면.

______(2016), 『국어 문장 의미의 분석 방법 연구』, 고려대학교 박사학위논문.

마성식(1993), 「「입」 바탕 어휘의 의미론적 생성 연구」, 『국어국문학』 109, 국어국문학회, 21-54면.

목정수(2007), 「한국어 조사 {의}의 문법적 지위와 의미 기능에 대하여」, 『국어교육』 123, 한국어교육학회, 437-470면.

민경모(2012), 「Deixis의 개념 정립에 대한 일고찰」, 『한국어 의미학』 37, 한국어 의미학회, 27-52면.

박동근(2006), 「한국어의 접사 체계에 대한 반성」, 『우리말 연구의 이론과 실제』, 경진문화사.

박종후(2013), 「한국어에서 중첩의 유형 분류와 기능 분석」, 『언어사실과 관점』 32, 연세대학교 언어정보연구원, 97-129면.

박진호(1994), 『통사적 결합 관계와 논항 구조』, 서울대학교 석사학위논문.

박철우(2011), 「화시의 기능과 체계에 대한 고찰」, 『한국어 의미학』 36, 한국어 의미학회, 1-38면.

_____(2013), 「어휘부와 의미론」, 『국어학』 66, 국어학회, 445-485면.

박철우·이종명(2005), 「한국어 용언 사전 기술을 위한 의미역 설정의 기분 문제들」, 『어학연구』 41(3), 서울대학교 언어교육원, 543-567면.

박현아(2006), 『한국어 시술성 명사의 실현 양상 연구』, 고려대학교 석사학위논문.

백미현(2002), 「한국어 복수 의미 연구」, 『담화와 인지』 9(2), 담화인지언어학회, 59-78면.

서정수(1981), 「합성어에 관한 문제」, 『한글』 173-174, 한글학회, 367-400면.

석종환(2013), 「영어의 외심 합성어 분석」, 『언어과학연구』 67, 언어과학회, 107-124면.

성광수(1988), 「합성어 구성에 대한 검토: 국어 어휘 구조와 어형성 규칙(2),” 『한글』 201-202, 한글학회, 57-82면.

성기철(1969), 「명사의 형태론적 구조」, 『국어교육』 15, 한국어교육학회(구 한국국어교육연구학회), 1-18면.

손평효(2012), 『공간말 ‘앞’과 ‘뒤’의 의미와 복합어 구성 연구』, 부산대학교 박사학위논문.

송원용(1998), 『활용형의 단어 형성 참여 방식에 대한 연구』, 서울대학교 석사학위논문.

송철의(1989=1992), 『국어의 파생어 형성 연구』, 태학사.

_____(1997), 「준말에 대한 형태, 음운론적 고찰」, 『동양학』 23, 단국대학교 동양학연구소, 25-49면.

송현주(2011), 『국어 구조와 의미 간의 동기화 연구』, 경북대학교 박사학위논문.

시정곤(1990), 「국어의 단어 형성에 관한 관견: 복합과 파생을 중심으로」, 『한국어학 신연구』, 한신문화사.

_____(1994), 『국어의 단어 형성 원리』, 국학자료원.

_____(2000), 「공형태소를 다시 생각함」, 『한국어학』 12, 한국어학회, 147-165면.

_____(2010), 「공형태소와 형태 분석에 대하여」, 『국어학』 57, 국어학회, 3-31면.

신희삼(2007), 「합성어 기능에 따른 합성 명사의 형성 원리」, 『한국어 의미학』 22, 한국어 의미학회, 141-163면.

_____(2008), 「N1+N2의 의미 구조 연구」, 『한국어 의미학』 26, 한국어 의미학

회, 103-122면.
신희삼(2015), 「국어 어휘에서 나타나는 의미 투명성의 양상」, 『한국언어문학』 94, 한국언어문학회, 69-91면.
심재기(1982), 『국어 어휘론』, 집문당.
심지연(2009), 「국어 관용구의 의미는 합성적인가? 비합성적인가?」, 『담화인지언어학회 학술대회 발표논문집』, 165-176면.
안민수(1989), 『복합 명사의 통사 의미론적 연구』, 이화여자대학교 석사학위논문.
안상철(1998), 『형태론』, 민음사.
안정아(2007), 『현대 국어 의존 명사의 의미 연구』, 고려대학교 박사학위논문.
안정아·김혜령·노석은·김숙정·남경완·최호철 주해(2016), 『쉽게 풀이한 주시경의 국어문법』, 도서출판 월인.
유경종(1985), 『국어 복합어의 형성 과정과 의미론적 연구』, 한양대학교 석사학위논문.
유기환(2004), 『알베르 카뮈(살림지식총서 51)』, 살림.
유목상(1974), 「통어론적 구성에 의한 어형성에 관한 연구」, 『성곡논총』 5, 성곡학술문화재단, 103-124면.
유승국(2012), 「합성동사의 다의 형성 과정에 대한 고찰」, 『어문연구』 40(3), 한국어문교육연구회, 33-56면.
유혜원(2007), 「경계성 명사류의 명사 연쇄 구성 연구」, 『언어』 32(3), 한국언어학회, 497-517면.
______(2008), 「국어 명사구의 통사·의미론적 연구」, 『한국어학』 38, 한국어학회, 197-221면.
유희정(2015), 『현대 국어 준말의 의미 분화 연구』, 고려대학교 석사학위논문.
윤경선(2013), 「소셜미디어 트위터(twitter)로 살펴본 신어 형성」, 『한국어 의미학』 42, 한국어 의미학회, 537-555면.
윤평현(2013), 『국어의미론 강의』, 역락.
이동혁(2006), 「'셀프+N'의 의미 합성」, 『한국어 의미학』 20, 한국어 의미학회, 393-413면.
이미영·임성출(2014), 「환유적 합성어의 의미 구조 분석」, 『언어과학연구』 68, 언어과학회, 265-286면.
이민우(2009), 「다의성과 다의화」, 『언어학연구』 14, 한국중원언어학회, 107-122면.

이민우(2014), 「'명사+명사' 합성어 구성요소의 의미관계 연구」, 『한국어 의미학』 34, 한국어 의미학회, 235-257면.
이민우·김진해(2015), 「다의 구분과 다의 유형에 대한 연구」, 『언어학연구』 37, 한국중원언어학회, 281-300면.
이병규(1994), 『한국어 동사 구문의 잠재 논항 실현에 대하여』, 연세대학교 석사학위논문.
이석주(1987), 『국어 어구성 연구: 복합어와 파생어의 의미 구조를 중심으로』, 중앙대학교 박사학위논문.
______(1989), 『국어 형태론: 복합어와 파생어의 구조를 중심으로』, 한샘출판주식회사.
이선영(2016), 「반의어가 결합한 단어의 특징과 의미」, 『어문론집』 68, 중앙어문학회, 37-58면.
______(2017), 「국어의 접사화에 대한 단견」, 『한국학연구』 44, 인하대학교 한국학연구소, 399-421면.
이선웅(2005), 『국어 명사의 논항 구조 연구』, 도서출판 월인.
______(2006), 「술어 명사구와 동사구의 동질성과 이질성」, 『우리말글』 38, 우리말글학회, 107-133면.
______(2012), 『한국어 문법론의 개념어 연구』, 도서출판 월인.
이성범(1999), 『언어와 의미』, 태학사.
이숙경(2004), 「'보다'를 구성 성분으로 하는 복합어의 의미 결합 양상」, 『한국어학』 24, 한국어학회, 221-249면.
이영길(2004), 「첩어 의미 연구」, 『영어영문학연구』 30(2), 대한영어영문학회, 275-297면.
이익섭(1965), 「국어 복합 명사의 IC 분석」, 『국어국문학』 30, 국어국문학회, 121-129면.
______(1975), 「국어 조어론의 몇 문제」, 『동양학』 5, 단국대학교 동양학연구소, 155-165면.
이익섭·임홍빈(1983), 『국어문법론』, 학연사.
이재인(1989), 「'-이' 명사의 형태론」, 『이정 정연찬 선생 회갑 기념 국어국문학 논총I-II』, 탑출판사, 820-835면.
이정식(2003), 『다의발생론』, 역락.

이정택(2006), 「필수성과 수의성의 본질」, 『한국어학』 30, 한국어학회, 243-266면.
_____(2012), 「품사 분류와 품사의 통용」, 『인문논총』 24, 서울여자대학교 인문과학연구소, 57-69면.
이주희(2005), 「합성어의 의미: 개념론적 해석」, 『언어연구』 21(2), 한국현대언어학회, 1-17면.
이태연(2003), 「복합 명사의 해석에 미치는 속성 현저성과 차원 적절성의 효과」, 『한국심리학회지: 인지 및 생물』 15(2), 사단법인 한국심리학회, 103-117면.
이현미(1995), 『국어 합성명사에 관한 연구: 의미 유형을 중심으로』, 전남대학교 교육대학원.
이현희(2006), 『국어 접사 범주에 관한 연구: 접사와 인접 범주 간의 관계를 중심으로』, 고려대학교 박사학위논문.
_____(2011), 「범주로서의 품사와 품사 전형성: 명사와 그 중복 범주를 대상으로」, 『한국학연구』 39, 고려대학교 세종캠퍼스 한국학연구소, 359-384면.
임동훈(2011), 「담화 화시와 사회적 화시」, 『한국어 의미학』 36, 한국어 의미학회, 39-64면.
임지룡(1985), 「대등합성어의 의미 분석」, 『배달말』 10, 배달말학회, 87-114면.
_____(1992), 『국어 의미론』, 탑출판사.
_____(1998), 『인지 의미론』, 탑출판사.
임지현(2012), 『국어의 특이 파생법 연구』, 인하대학교 석사학위논문.
임홍빈·이홍식 외(2002), 『한국어 구문 분석 방법론』, 한국문화사.
장광군(1993), 「조선어단어의미의 투명도에 대한 고찰」, 『중국조선어문』 1993년 3, 길림성민족사무위원회, 17-20면.
장윤희(1999), 「공형태 분석의 타당성 검토」, 『형태론』 1(2), 형태론, 227-244면.
_____(2010), 「언어 화석의 확인과 공시적 처리 방안」, 『한국어학』 48, 한국어학회, 45-76면.
전나영(1992), 『우리말 합성 이름씨 연구: 의미 구조와 의미 관계』, 연세대학교 석사학위논문.
전상범(1995), 『형태론』, 한신문화사.
전종국(2013), 『國語漢字語의 意味結合構成 研究』, 강원대학교 박사학위논문.
정동환(1991=1993), 『국어 복합어의 의미 연구』, 서광학술자료사.
정정덕(1982), 「합성 명사의 의미론적 연구: N1·N2 구조를 중심으로」, 『한글』

175, 한글학회, 215-238면.

정한데로(2014가), 『국어 등재소의 형성과 변화 연구』, 서강대학교 박사학위논문.

______(2014나), 「단어 형성과 의미 합성성」, 『한국어 의미학』 44, 한국어 의미학회, 263-289면.

조개나(2012), 『한국어 합성 명사의 형태, 의미적 특성 연구』, 강원대학교 석사학위논문.

조민정(2013), 「핵 명사의 논항 선택과 생산성 결정 요인: '사냥'과 '낚시' 합성어를 중심으로」, 『한국어 의미학』 40, 한국어 의미학회, 111-139면.

조위수(2010), 「의사소통 전략으로서의 반복의 기능 및 양상 연구」, 『우리말학회 전국 학술대회 발표자료집』, 13-24면.

조일규(1994), 『국어 이름씨 뒷가지의 변천 연구』, 동아대학교 박사학위논문.

조현용(1996), 「동의 중첩에 의한 단어 형성 연구」, 『어문연구』 92, 한국어문교육연구회, 125-139면.

주시경(1913), 『조선어문법』. 김민수 외 2인 공편(1977), [1]12 재록.

차준경(2004), 『국어 명사 다의 현상의 체계성 연구』, 고려대학교 박사학위논문.

______(2011), 「'-이' 파생 명사의 다의 형성」, 「한국어의미학」 34, 한국어 의미학회, 431-450면.

채완(1985), 「병렬의 어순과 사고방식」, 『국어학』 14, 국어학회, 463-477면.

채현식(1994), 『국어 어휘부의 등재소에 관한 연구』, 서울대학교 석사학위논문.

______(1999), 「조어론의 규칙과 표시」, 『형태론』 1(1), 형태론, 25-42면.

______(2003), 『유추에 의한 복합 명사 형성 연구』, 태학사.

최경봉(1995), 「명사 관형 구성의 의미 결합 관계 고찰」, 『국어학』 26, 국어학회, 33-58면.

______(1996), 「명사의 의미 분류에 대하여」, 『한국어학』 4, 한국어학회, 11-45면.

______(1998), 『국어 명사의 의미 연구』, 태학사.

______(1999), 「단어 의미의 구성과 의미 확장 원리: 다의어 문제를 중심으로」, 『한국어학』 9, 한국어학회, 307-331면.

______(2000), 「은유 표현에서의 단어의 선택과 해석 원리」, 『한국어 의미학』 7, 한국어 의미학회, 215-241면.

______(2013), 「어휘 의미와 의미 관계 정보의 구성과 작용」, 『한국어 의미학』 42, 한국어 의미학회, 27-55면.

최경봉(2015), 『어휘 의미론: 의미의 존재 양식과 실현 양상에 대한 탐구』, 한국문화사.

최기용(2003), 「「이익섭(1975/1991)」의 "어근" 개념에 대하여」, 『인문사회과학논문집』 30, 광운대학교 인문사회과학연구소, 84-98면.

최상진(1995), 「합성어의 의미적 공기관계에 관한 연구」, 『어문연구』 23, 한국어문교육연구회, 50-71면.

_____(1997), 「합성어 의미 형성의 유기체적 관계론에 대하여」, 『한국어 의미학』 1, 한국어 의미학회, 155-170면.

최영주(2012), 「Metonymy and Korean Noun-Noun Compound」, 『영어영문학21』, 25(3), 21세기영어영문학회, 269-289면.

_____(2018), 「인지의미론적 관점으로 분석한 '비설거지'의 의미」, 『현대문법연구』, 98, 현대문법학회, 51-70면.

최윤지(2011), 「이접과 양태의 상관관계 고찰: '-인가'를 중심으로」, 『국어학』 60, 국어학회, 146-181면.

최은아(2004), 『3세에서 8세 아동의 내용어 어휘 발달 연구』, 나사렛대학교 석사학위논문.

최정혜(2005), 「관형격 명사구의 의미」, 『한국어 의미학』 17, 한국어 의미학회, 125-149면.

최지훈(1999), 『전의 합성 명사의 인지의미론의 연구』, 이화여자대학교 석사학위논문.

_____(2007), 『국어 관용구의 은유·환유 연구: 인지의미론적 관점을 중심으로』, 이화여자대학교 박사학위논문.

최현배(1937/1961), 『우리말본』(세번째 고침) 정음문화사.

최형용(2002), 「어근과 어기에 대하여」, 『형태론』 4(2), 형태론, 301-318면.

_____(2004), 「단어 형성과 음절 수」, 『국어국문학』 138, 국어국문학회, 183-205면.

_____(2006), 「합성어 형성과 어순」, 『국어국문학』 143, 국어국문학회, 235-272면.

_____(2014), 「복합어 구성 요소의 의미 관계에 대하여」, 『국어학』 70, 국어학회, 85-115면.

최호철(1993가), 『현대 국어 서술어의 의미 연구: 의소 설정을 중심으로』, 고려대학교 박사학위논문.

_____(1993나), 「어휘부의 의미론적 접근」, 『어문논집』 32, 민족어문학회,

185-217면.

최호철(1995가), 「의미 연구의 전제와 차원: 언어 단위 및 의미 특성을 중심으로」, 『한남어문학』 20, 한남대학교 한남어문학회, 287-306면.

______(1995나), 「의소와 이의에 대하여」, 『국어학』 25, 국어학회, 77-98면.

______(1996가), 「어휘 의미론과 서술소의 의미 분석」, 『한국어학』 4, 한국어학회, 67-108면.

______(1996나), 「국어의 의미격 설정에 대하여」, 『한글』 232, 한글학회, 123-146면.

______(1998), 「구조 의미론의 수용 양상과 국어 어휘 의미론의 과제」, 『한국어 의미학』 2, 한국어 의미학회, 11-39면.

______(2000), 「국어의 형태론과 어휘론」, 『국어학』 35, 국어학회, 313-365면.

______(2002), 「한국어 의미 연구의 나아갈 길」, 『21세기 국어학의 현황과 과제』, 한국문화사, 65-92면.

______(2005), 「국어의 다의 분석과 사전 기술」, 『국어 연구와 의미 정보』 도서출판 월인, 153-184면.

______(2006), 「전통 및 구조 언어학에서 본 의미의 본질」, 『한국어 의미학』 21, 한국어 의미학회, 31-49면.

______(2011), 「국어 발화의 의미에 대하여」, 『한국어 의미학』 36, 한국어 의미학회, 481-529면.

______(2014), 「우리말의 의미를 연구하는 마음가짐」, 『한국어 의미학회 24차 전국학술대회 강연 요지문』.

______(2020), 「국어의 '서술성 명사' 재고」, 『JKC』 50, 한국어문학국제학술포럼, 7-86면.

최호철·홍종선·조일영·송향근·고창수(1998), 「기계 번역을 위한 한국어 논항 체계 연구」, 『한국어 의미학』 3, 한국어 의미학회, 1-39면.

하치근(1989), 『국어 파생형태론』, 남명문화사.

______(2010), 『우리말 파생형태론』, 경진.

허웅(1966=1975), 『우리 옛말본』, 샘문화사.

홍기문(1947), 『조선문법연구』, 서울신문사. 김민수 외 2인 공편(1985) [1]39 재록.

홍재성(1999), 「기능동사 구문 연구의 한 시각: 어휘적 접근」, 『인문논총』 41, 서울대학교 인문과학연구소, 153-173면.

홍종선(1996), 「국어사전 편찬, 그 성과와 과제(1)」, 『한국어학』 4, 한국어학회,

93-116면.

홍종선(1998), 「명사의 사전적 처리」, 『새국어생활』 3(1), 국립국어원, 111-130면.

_____(2003), 「국어사전 편찬, 그 성과와 과제(3): 올림말(2)-올림말의 선정 기준과 범위」, 『어문논집』 48, 민족어문학회, 5-38면.

황화상(2001), 『국어 형태 단위의 의미와 단어 형성』, 도서출판 월인.

_____(2010), 「단어 형성 기제로서의 규칙에 대하여」, 『국어학』 58, 국어학회, 61-91면.

_____(2013), 『현대국어 형태론(개정판)』, 지식과교양.

_____(2013가), 「유추, 규칙의 대안인가?: 채현식(2003)을 중심으로」, 『형태론』 15(2), 형태론, 204-224면.

_____(2013나), 『현대국어 형태론: 개정판』, 도서출판 지식과 교양.

Adams, V.(1973), *An introduction to modern English word formation*, London: Longman.

Allen, M.(1978), *Word Formation in Genertive Grammar*, Cambridge, Mass: MIT Press.

Apresjan, J.D.(1974), "Regular Polysemy", *Linguistics* 142, 5-32.

Aronoff, M(1976), *Word formation in Generative Grammar(Linguistic Inquiry Monograph 1)*, Cambridge: The MIT Press,

Bauer, L.(1983), *English Word Formation*, Cambridge: Cambridge University.

Benczes R.(2006), *Creative Compounding English: The Semantics of Metaphorical and Metonymical Noun-Noun Combinations*, John Benjamins Publishing Company. 김동환·이미영 역(2014), 『영어의 창조적 합성어: 은유적 환유적 합성어의 의미론』, 공감엔피엠.

Bisetto, A. & S. Scalise(2005), "Classification of Compounds", *Langue e Linguaggio* 2, 319-332.

Bloomfield, L.(1933), *Language*, London: George Allen & Unwin Ltd.

Bybee, J. L.(1985), *Morphology: A Study of the relation between Meaning and form*, Amsterdam/Philadelphia: John Benjamins Publishing Company.

Clark, E. V.(1995), "Later Lexicon Development and Word Formation", *The Handbook of Child Lnaguage*, Blackwell, 393-412.

Cruse, D.A.(2000), *Meaning in Language*, Oxford: Oxford University Press. 임지룡·김동환 옮김(2002), 『언어의 의미: 의미·화용론 개론』, 태학사.

de Saussure. F.(1916), *Cours de linguistigue générale*, Paris: Payot. 김현권 역(2012), 『일반언어학 강의』, 지식을만드는지식.

Downing, P.(1977), "On the creation and use of English compound noun", *Language* 53, 810-842.

Fabb, N.(1998), "Compounding", In Spencer, A. and A. M. Zwicky (ed), *Handbook of Morphology*, Oxford: Blackwell, 66-83.

Fillmore, C. J.(1997), *lectures on Deixis*, CSLI.

Haspelmath, M.(2002), *Understanding Morphology*, London: Arnold.

James Pustejovsky(1995), *The generative lexicon*, Massachusetts Institute of Technology. 김종복, 이예식 역(2002), 『생성어휘론』, 박이정.

Jespresen, O.(1965), *Morphology*, London: George Allen & Unwin.

Joos, Martin(1958), "Semology: A Linguistic Theory of Meaning", *Studies in Linguistics* 13, 53-70.

Labov, William(1978), "Denotational structure", *In Papers from the Parasession on the Lexicon ed*, Donka Farkas, Wesley M, Jacobsen, and Karol W. Todrys, Chicago: Chicago Linguistics Society, 220-260.

Lakoff, G. & Johnson, M.(1980/2003), *Metaphor We Live By*, Chicago and London: The University of Chicago Press. 노양진·나익주 역(2006), 『삶으로서의 은유(수정판)』, 박이정.

Leech, G. N.(1981), *Semantics(2nd)*, London: Penguin Books.

Li, C. M.(1971), *Semantics and the Structure of Compounds in Chinese*, Ph.D. Berkeley University of California.

Lyons, J.(1977), *Semantics 1, 2*, London: Cambridge University Press.

Murphy, G. L.(1988), "Comprehending complex concepts", *Cognitive Science* 12, 529-562.

Murphy, G. L.(1990), "Noun phrase interpretation and conceptual combination", *Journal of Memory and Language* 29, issue 3, 259-288.

Nida, E.(1949=1978), *Morphology: the descriptive Analysis of Words*, Ann Arbor: University of Michigan Press.

Nida, E.(1975), *Componential Analysis of Meaning: an introduction to semantic structures*, The Hague: Mouton. 조항범 역(1990), 『의미 분석론: 성분 분석의 이론과 실제』, 탑출판사.

Pustejovsky, J.(1995), *The Generative Leicon*, Cambridge, Massachusetts: MIT Press.

Tomlin, R. S.(1986), Basic Word Order. Croom Helm: Kent.

Winston, M. E., R. Chaffin and D. Herrmann(1987), "A taxonomy of part-whole relations", *Cognitive Science* 11, 417-444.

〈사전류〉

고려대학교 민족문화연구원(2009), 『고려대 한국어대사전』

ko.dict.naver.com

국립국어원(1999), 『표준국어대사전』, 두산동아.

stdict.korean.go.kr

국립국어원(2016), 한국어 기초사전. krdic.korean.go.kr

국립국어원(2016), 우리말샘. opendict.korean.go.kr

찾아보기

민족문화연구총서 출간현황(~2021.06.10)

NO	서명		저자	정가
1	총서1	19世紀 韓國 傳統社會의 變貌와 民衆意識	진덕규	9,000
2	총서2	洪武正韻譯訓의 新研究	박병채	10,000
3	총서3	고조선에 대한 새로운 해석	김정배	35,000
4	총서4	韓國 近代教育法制 研究	안기성	13,000
5	총서5	韓國 近代戲曲史 研究	서연호	11,000
6	총서6	韓國 巫俗의 綜合的 考察	김인회	9,000
7	총서7	朝鮮 後期의 詩經論과 詩意識	김흥규	8,000
8	총서8	高麗時代 佛教詩의 研究	인권환	9,000
9	총서9	韓國 現代詩意識 研究	이기서	8,000
10	총서10	道家思想의 研究	이강수	8,000
11	총서12	西學에 대한 韓國實學의 反應	최동희	9,000
12	총서13	朝鮮前期 制度言論 研究	목정균	9,000
13	총서14	韓國 現代詩史의 代位的 構造	오탁번	7,000
14	총서15	개정증보-金鰲新話 研究	설중환	17,000
15	총서16	韓國의 傳統婚禮 研究	박혜인	9,000
16	총서17	古小說의 原始宗教思想 研究	박용식	10,000
17	총서18	가톨릭과 朝鮮後期 社會變動	노길명	10,000
18	총서19	1920年代 韓國小說 研究	송하춘	8,000
19	총서21	朝鮮後期 天主教史 研究	조광	8,000
20	총서23	朝鮮後期 小說讀者 研究	대곡삼번	7,000
21	총서24	전면개정판-한국의 옛길 嶺南大路	최영준	28,000
22	총서25	金東仁 研究	김춘미	9,000
23	총서26	韓國古代社會의 軍事와 政治	김영하	13,000
24	총서27	古墳出土 副葬品 研究	윤세영	10,000
25	총서31	云丁散藁	김춘동	15,000
26	총서32	韓國現代詩의 意識現象學的 研究	최동호	9,000
27	총서34	韓國 家庭小說 研究	우쾌제	10,000
28	총서36	國語被動 研究	배희임	8,000
29	총서37	韓國古典文學의 原典批評的 研究	정규복	11,000

30	총서38	企齋記異 硏究	소재영	10,000
31	총서40	法을 통한 朝鮮植民地 支配에 관한 硏究	영목경부	14,000
32	총서42	국어내용연구1	배해수	14,000
33	총서43	日帝末期의 韓國小說 硏究	김종균	12,000
34	총서44	國語 體言化構文의 硏究	홍종선	8,000
35	총서45	羅末麗初의 豪族과 社會變動 硏究	김갑동	10,000
36	총서46	古代國語學 硏究	박병채	13,000
37	총서47	牧民心鑑 硏究	김성준	8,000
38	총서48	韓國傳統音樂 論究	한명희	9,000
39	총서49	漢字語系 歸化語 硏究	조세용	7,000
40	총서51	韓國近代教育思想 硏究	차석기	11,000
41	총서53	古代國語의 語彙 硏究	천소영	9,000
42	총서54	春香傳의 辭說形成 原理	전경욱	9,000
43	총서55	近代轉換期의 言語와 文學	홍일식	9,000
44	총서56	北靑方言의 音韻論	이기동	7,000
45	총서57	韓國文學의 考證的 硏究	최강현	14,000
46	총서58	현대시·시조통합이론	민병기	15,000
47	총서59	高麗 武臣政權期 農民·賤民抗爭 硏究	이정신	10,000
48	총서60	白頭山 說話 硏究	정재호	18,000
49	총서63	朝鮮朝 畿湖學派의 禮學思想에 關한 硏究	배상현	13,000
50	총서65	栗谷李珥의 聖學硏究	장숙필	7,000
51	총서66	韓國古地名辭典	전용신	14,000
52	총서67	高麗·朝鮮時代 敍事文學 發展의 硏究	성택승	8,000
53	총서68	渤海史의 綜合的 考察	한규철	14,000
54	총서70	韓國 近代小說論 硏究	윤충의	9,000
55	총서72	韓國近世 禪家文學	서규태	8,000
56	총서73	조선 중기 정치권력구조 연구	정홍준	9,000
57	총서75	조선후기 운서 한자음 연구	정경일	11,000
58	총서77	高麗 前期 私田 硏究	윤한택	8,000
59	총서78	근대 한국 고등교육 연구	한용진	25,000
60	총서79	심능숙 문학의 연구	장효현	15,000

61	총서81	韓國 近代 文學批評論 硏究	신재기	10,000
62	총서85	한국 현대비평의 문체	이병헌	11,000
63	총서87	조선후기 시가의 현실인식	박노준	12,000
64	총서89	고구려 전기 정치사 연구	금경숙	9,000
65	총서90	독립국가연합 고려인의 생활과 의식	윤인진	10,000
66	총서91	美軍政下의 敎育政策 硏究	김용일	10,000
67	총서92	조선시대 성리학의 연구	윤사순	10,000
68	총서93	朝鮮後期 中人層 漢文學의 硏究	윤재민	14,000
69	총서94	범주문법	강범모	8,000
70	총서95	조선 후기 우화소설 연구	정출헌	12,000
71	총서96	高麗後期 政房 硏究	김창현	12,000
72	총서97	토끼傳·水宮歌 硏究	인권환	16,000
73	총서100	日帝下의 朝鮮貿易 硏究	송규진	10,000
74	총서101	지리산지 농업과 촌락 연구	정치영	20,000
75	총서103	高麗時代 中樞院 硏究	박용운	14,000
76	총서104	조선초기 전세제도 연구	강제훈	13,000
77	총서106	기정진 철학사상 연구	박학래	9,000
78	총서107	조선후기 인성·물성논쟁의 연구	이애희	13,000
79	총서109	서사문법시론	강헌국	9,000
80	총서110	북간도 한인사회의 형성과 민족운동	김춘선	32,000
81	총서111	주자학에서 실학으로	김용헌	35,000
82	총서113	朝鮮初期 性理學과 歷史學-기억의 복원, 좌표의 성찰	오항녕	18,000
83	총서114	조선후기 사회변화와 시가문학	정흥모	20,000
84	총서116	판소리 유파와 명창의 세계	김기형	22,000
85	총서117	조선후기 시가사와 가곡 연행	신경숙	20,000
86	총서119	性理學 受容器 佛敎 批判과 政治思想的 變容 -鄭道傳과 權近을 중심으로	이정주	13,000
87	총서122	조선후기 가집 연구	이상원	27,000
89	총서123	개정판-학교문법교육론	이관규	24,000
90	총서124	근대 동아시아와 한국 자본주의	김윤희	18,000
91	총서125	조선후기 자연학의 동향	김문용	13,000

92	총서127 한국 고전소설과 정신분석학	강상순	25,000
93	총서128 미국의 헤게모니와 한국민족주의	허 은	23,000
94	총서130 한용운과 근대성	김종인	15,000
95	총서131 大韓帝國期 民族談論과 國家構想	백동현	16,000
96	총서132 19세기 문예사와 기생의 한시	박영민	20,000
97	총서136 빈도 효과-코퍼스를 활용한 국어 문법의 기술	김일환	18,000
98	총서137 규방가사의 전통성과 근대성	백순철	20,000
99	총서138 일제 강점기 설화·동화집 연구-우리 옛이야기의 정체성 찾기	권혁래	18,000
100	총서139 신문관의 출판 기획과 문화운동	권두연	30,000
101	총서140 아동문학의 숨은 의미와 가치	노제운	16,000
102	총서142 한국의 자유민주주의와 『사상계』	이상록	24,000
103	총서144 조선조 오륜시가의 역사적 전개 양상	하윤섭	24,000
104	총서145 정약용의 철학사상과 체제개혁론-주희와의 비교를 중심으로	전성건	15,000
105	총서146 누정기를 통해 본 한국한문산문사	안세현	16,000
106	총서147 시적 정의와 시의 윤리	여태천	24,000
107	총서148 16세기 후반~17세기 전반 산문 연구	안득용	23,000
108	총서149 검열, 실종된 작품과 문학사의 복원	문한별	22,000
109	총서150 낙하생 이학규의 시문학 연구	이국진	20,000
110	총서151 방각본 영웅소설의 지역적 특성과 이념적 지향	엄태웅	22,000
111	총서152 영체와 행사에서 본 정약용의 종교적 의식	이숙희	15,000
112	총서154 19세기 상·하층 소설의 접점과 문화적 의미	장예준	30,000
113	총서156 한국 근대문학의 형성과 진화론	이만영	22,000
114	총서157 한국 근대시의 형성과 한문맥의 재구성	정기인	23,000
115	총서158 동아시아의 사신영접의례와 공연문화	민태혜	30,000
116	총서159 명사 구성 합성어의 의미 구조	김숙정	15,000

民族文化硏究叢書 159

명사 구성 합성어의 의미 구조

2021년 6월 10일 초판 1쇄 펴냄

저 자 김숙정
발행인 김형찬
발행처 고려대학교 민족문화연구원

등록번호 1964년 9월 28일 제6-18호
주소 서울특별시 성북구 안암로 145
전화 02-3290-1610~4
팩스 02-926-8385
http://riks.korea.ac.kr

ISBN 978-89-7155-184-4 94700
978-89-7155-073-1 (세트)

정가 15,000원